O PRESENTE DO PRESENTE

Blucher

O PRESENTE DO PRESENTE

Ensaio psicanalítico sobre o tempo

Bernard Nominé

Tradução

Cícero Alberto de Andrade Oliveira

Título original: *Le présent du présent: essai psychanalytique sur le temps*, de Bernard Nominé

O presente do presente: ensaio psicanalítico sobre o tempo

Editora Edgard Blücher Ltda.
Série Dor e Existência, organizada por Cibele Barbará, Miriam Ximenes Pinho-Fuse e Sheila Skitnevsky Finger

Publisher Edgard Blücher
Editor Eduardo Blücher
Coordenador editorial Rafael Fulanetti
Coordenação de produção Andressa Lira
Produção editorial Ariana Corrêa
Preparação de texto Ana Maria Fiorini
Diagramação Thaís Pereira
Revisão de texto MPMB
Capa Leandro Cunha
Imagem da capa iStockphoto

Blucher

Rua Pedroso Alvarenga, 1245, 4º andar
04531-934 – São Paulo – SP – Brasil
Tel.: 55 11 3078-5366
contato@blucher.com.br
www.blucher.com.br

Segundo o Novo Acordo Ortográfico, conforme 6. ed. do *Vocabulário Ortográfico da Língua Portuguesa*, Academia Brasileira de Letras, julho de 2021.

Dados Internacionais de Catalogação na Publicação (CIP)
Angélica Ilacqua CRB-8/7057

Nominé, Bernard
O presente do presente: ensaio psicanalítico sobre o tempo/Bernard Nominé; tradução de Cícero Alberto de Andrade Oliveira. -- São Paulo: Blucher, 2024.
176 p.: il. (Série Dor e Existência)

Bibliografia
ISBN 978-85-212-2323-8
Título original: Le présent du présent: essai psychanalytique sur le temps

1. Psicanálise I. Título II. Oliveira, Cícero Alberto de Andrade

24-3455 CDD 150.195

Índice para catálogo sistemático:
1. Psicanálise

Sobre a Série Dor e Existência

A presente série se dedica a publicar livros que tratam das dores da existência no contexto dos fenômenos sociais e políticos contemporâneos, tendo como referencial a teoria e clínica psicanalítica em diálogo com outros discursos. Abordar esses fenômenos não para catalogá-los, mas essencialmente interrogar aquilo que os determina e, principalmente, cingir suas incidências subjetivas e os modos possíveis de respostas em face do Real, ou, de outra forma, os modos de "resistir, para seguir vivendo", como diz a música popular.[1]

Nos idos de 1930, Freud[2] ressaltou que, apesar dos inúmeros benefícios que o processo civilizatório nos proporciona, ele também é fonte inesgotável de dissabores e mal-estar. Viver inserido na civilização implica em renúncias, privações e adiamentos, que ocasionam perda de satisfação e limitam sobremaneira a ânsia

---

1 "*Resistiré, para seguir viviendo*", no original. "Resistiré", canção composta por Carlos Toro Montoro e Manuel de La Calva Diego.

2 Freud, S. (1930/2010). O mal-estar na civilização. In S. Freud, *Obras completas* (Vol. 18; pp. 13-122; P. C. de Souza, Trad.). Companhia das Letras.

humana por felicidade. Estruturalmente restringida, a felicidade só é alcançada em momentos breves e esporádicos, enquanto o sofrimento é uma constante que nos ameaça a partir de três fontes principais: as forças prepotentes da natureza, a fragilidade de nosso próprio corpo e as relações com os outros seres humanos dada a insuficiência das normas que regulam os vínculos afetivos e sociais. Freud considerou esta última fonte o sofrimento que mais nos deixa estremecidos.

Dos tempos de Freud para os nossos, poder-se-ia esperar que o sofrimento humano tivesse sido abrandado graças às melhorias e às notáveis conquistas nos campos científico, tecnológico, econômico e até social. É um paradoxo, mas as pessoas não parecem mais felizes que outrora. Em uma época vetorizada pelas conquistas de mercado, ou seja, produção-consumo-descarte tanto quanto possível, as pessoas se sentem cada vez mais pressionadas a serem produtivas, competitivas, eficientes e bem-sucedidas, em paralelo ao desmantelamento dos laços sociais e do sentido de pertencimento a uma determinada comunidade ou grupo. Sem contar com o anteparo das redes e dos mecanismos de solidariedade e de apoio comunitário, as pessoas certamente se encontram mais vulneráveis. Promovem-se assim pensamentos e relações de teor mais individualista em que o consumo de objetos acena como a principal fonte de satisfação e realização. Em vez da prometida felicidade oriunda do progresso, redobram-se os alertas para o aumento significativo das taxas de depressão, suicídio e obesidade. Por toda parte, queixas de solidão e liquidez dos laços sociais.

Decantadas por filósofos e artistas, as dores da existência são inerentes à condição humana diante da constatação da vida como pura e insuportável contingência, sem sentido *a priori*. Para Lacan, a dor de existir irrompe no momento extremo, limiar em que se esgotam para o sujeito todas as vias do desejo, quando nada mais o habita "senão esta existência mesma, e que tudo, no excesso do sofrimento, tende a abolir esse termo inextirpável que é o desejo de viver".[3] Na última fronteira da existência nua e crua, há o despertar para o Real. Porém, a dor de existir denota também uma face humana, que ocorre com a perda inaugural no momento de entrada no campo da linguagem, que imprime em nós as suas leis, os seus limites na falta do significante último da existência, mas que nos concede, em contrapartida, nessa falta mesma, o desejo para nos sustentar para além desse ponto intolerável da existência. Logo, a dor de existir é constituinte de nossa humanidade, em que estamos sempre no risco da perda.

Se Freud apontou que viver em sociedade cerceia nossas pretensões de satisfação, ou seja, nossas possibilidades de gozo, Lacan, por sua vez, considera que a perda de gozo não se deve à sociedade, mas ao fato de sermos seres falantes, "maldição que o discurso, antes, modera", ponderou Colette Soler,[4] em livro que abre esta série. Logo, o discurso é tanto fonte de sofrimento quanto de tratamento possível para as dores da existência. Eis aí um dos grandes paradoxos humanos: se a existência não tem sentido em si mesma e não há nenhum sentido a ser encontrado, sobra para cada um a invenção dos modos possíveis de se continuar vivendo.

Entretanto, há situações extremas, adventos do Real, que levam o sujeito ao esgotamento das vias de seu desejo. A dor irrompe nesse ponto limite arrasando os ideais e as ficções de si mesmo, restando simplesmente a crueza da existência quando todo o desejo nela se desvanece. Poderá o sujeito resistir? De que modo ou por quais vias?

---

3 Lacan, J. (2016). *O seminário, livro 6: o desejo e sua interpretação (1958-1959)* (C. Berliner, Trad., p. 133). Zahar.

4 Soler, C. (2021). *De um trauma ao Outro* (p. 25). Blucher.

Importa-nos justamente levar ao público títulos que tratam, em suas diferenças, das dores que acompanham as situações-limites – perdas radicais, violência, racismo e outras intolerâncias e abusos diversos –, considerando que a patologia do particular está intrinsecamente relacionada com as patologias do social. Sem a pretensão de esgotar essas situações e seus efeitos disruptivos, desejamos que cada livro possa contribuir para enlaçar e intercambiar saberes e experiências, na aposta de que algo sempre se transmite, ainda que com furos e, às vezes, de modo artificioso.

Cibele Barbará, Miriam Ximenes Pinho-Fuse
e Sheila Skitnevsky Finger

Organizadoras da Série Dor e Existência

"Quando danço, danço."

Michel de Montaigne, Ensaios, Livro III, Capítulo 13

Conteúdo

Preâmbulo

Não vou lhes dizer que, *durante muito tempo, costumava deitar-me cedo*, primeiro porque isso já foi dito, e depois porque seria falso. Mas poderia dizer que, por muito tempo, eu me imaginei idoso, escrevendo um livro.

A imagem era agradável, mas não me encorajava a escrever esse livro. Nunca era o momento, é claro. O homem apressado que sou sempre tinha coisas melhores para fazer e se sentia justificado em sua posição por alguém como Jorge Semprún, que encontrara a palavra certa ao dar o título de um de seus livros: *A escrita ou a vida*.[1]

Claramente, sentia-me justificado por escolher a vida.

Não posso dizer, contudo, que até o presente não tenha reservado tempo para escrever. Escrevi muitas conferências, muitas delas em línguas estrangeiras, essas conferências deram lugar a edições, escrevi artigos, mas sempre adiei a ideia, que me sugeriam de bom grado, de escrever um livro.

---

1 Semprún, J. (1995). *A escrita ou a vida* (R. F. Aguiar, Trad.). Companhia das Letras.

Hoje, então, quando, ao me decidir a finalmente começar a escrever, é essa imagem fantasmática do velho escritor que me vem à cabeça, compreendo porque, desde há muito tempo, impedi a mim mesmo de escrever um livro.

Não é totalmente por acaso que me refiro implicitamente a Marcel Proust ao digitar essas primeiras linhas. Precisei de tempo para me interessar por esse autor imenso, mas, desde que o leio, saboreio sua forma de tentar suspender o tempo que passa, fixando-o em sua escrita.

Haveria todo um capítulo a dedicar ao tempo da escrita, ou então à escrita do tempo – ainda não sei como dizer isso –, mas é evidente que o tempo é capturado pela escrita e que, ao mesmo tempo, a escrita é uma tentativa de deter o tempo que escapa, que foge.

Mas, afinal, é realmente tão certo que o tempo flui como o sentimos, de uma forma inexorável e absoluta? Os astrofísicos, que fazem do tempo uma quarta dimensão do espaço, nos dissuadem disso. Não há tempo absoluto, o tempo é relativo, existem lugares no espaço em que o tempo desacelera, e há até mesmo lugares no universo onde o tempo para: são os famosos buracos negros. Diante de tal real, nossas imaginações falham, pois nascemos com essa sensação de que o tempo voa e de que jamais há de parar.

***

E, no entanto, basta ter perdido um ente querido para perceber que, para aquele que nos deixou, o tempo parou. Ei-lo de volta à eternidade que precedera sua vinda ao mundo. A vida surge então como um curto parêntese nesse tempo congelado da eternidade, parêntese durante o qual todos se sentem pressionados por este tempo que começou a passar desde o nascimento.

São necessárias situações particulares como essas para perceber, de forma efêmera, essa realidade do tempo totalmente ligada ao ser.

Pois, nos dias normais, cada um se esquiva como pode diante dessa certeza da morte que caracteriza o seu ser.

Heidegger, que definia o ser humano como *Dasein*, insistindo em seu modo de ser-aí, em sua presença no mundo, em sua localização no espaço, portanto, viu-se obrigado a colocar um limite ao saber desse *Dasein* sobre si próprio na forma da esquiva diante de seu "ser-para-a-morte"[2] que, no entanto, o constitui. Ao *ser-lá*, portanto, é preciso acrescentar *agora*. Mas será para sempre? "Algum dia mais tarde."[3]

Antes de abordar o tema que me preocupa, o do tempo como um objeto inapreensível, mas muito real e que condiciona as nossas existências, pareceu-me interessante investigar o que dizem os cientistas sobre esse conceito de tempo hoje.

Para nós, psicanalistas, investigar os avanços da ciência não nos distrai de nosso objeto de estudo. Freud se inspirou amplamente nos modelos que a ciência de seu tempo desenvolvera. Lacan, seguindo seus passos, encontrou grande inspiração nas descobertas biológicas e matemáticas, e seguiu com interesse o trabalho de Koyré sobre a abordagem científica. E recomendava aos psicanalistas que estivessem em consonância com a batida [*le tempo*] de sua época.

---

2 Heidegger, M. (2005). *O ser e o tempo, Vol. 2* (M. S. C. Schuback, Trad., p. 34). Vozes.

3 Ibid., p. 41.

1. O tempo dos físicos

Todos os cientistas de hoje que se debruçaram sobre essa delicada questão do tempo concordam em partir do modelo de Aristóteles, revisto por Newton e corrigido por Einstein. A física começa com Aristóteles.

Para ele, o tempo mede a mudança, é apenas o traço do movimento. Portanto, se nada muda, se nada se move, não há tempo. O tempo é, para Aristóteles, uma variável relativa.

Newton acrescenta que ao lado do tempo aristotélico, que mede a mudança dos dias e o movimento das coisas, há um tempo absoluto que passa, quaisquer que sejam as coisas e seus movimentos. Esse tempo não pode ser medido diretamente com nossos relógios ou cronômetros; não é perceptível, mas é calculado.

Para Einstein, o tempo está inextricavelmente ligado ao espaço. Há um espaço-tempo que se estrutura como um campo gravitacional e não é, de forma alguma, absoluto. Todo corpo celeste que possui uma massa considerável desacelera o tempo ao seu redor. Isso pode ser verificado com relógios de precisão em nossa Terra: o tempo passa mais rápido nas montanhas do que na planície.

Carlo Rovelli, físico especialista em gravidade quântica, deduz daí, de forma didática, que: "Se as coisas caem, é por causa dessa desaceleração do tempo. No espaço interplanetário, onde o fluxo do tempo é uniforme, as coisas não caem, elas flutuam. Já aqui, na superfície do nosso planeta, o movimento das coisas se volta naturalmente para o local onde o tempo passa mais devagar".[1]

Deve-se acrescentar a isso que o tempo varia em função da velocidade. Ele passa mais devagar para um objeto em movimento. Daí parecer que o tempo depende do lugar onde se está e da velocidade com que se está indo. Não há, portanto, um tempo absoluto ao qual seja possível se referir. A própria ideia de um "*agora* bem definido em todas as partes do universo é, portanto, uma ilusão, uma extrapolação ilegítima de nossa experiência".[2]

Com sua teoria da relatividade, Einstein destronou o tempo do lugar que ele ocupava em nossas construções.

No entanto, a seta do tempo continua sendo um real inescapável que a mecânica quântica não contradiz. O tempo flui sempre no mesmo sentido. Isso, sem dúvida, faz parte de um desses fenômenos que levaram Lacan a perceber que o real era orientado. Há, aliás, outra variável física que flui sempre no mesmo sentido, que é o calor. Ele sempre vai do corpo mais quente para o corpo mais frio.

Donde o conceito de *tempo térmico* introduzido pelos físicos de hoje.

É um conceito interessante. Tem sua fonte no enunciado do segundo princípio da termodinâmica que devemos ao físico alemão

---

1 Rovelli, C. (2017). *A ordem do tempo* (S. Cobucci, Trad., p. 19). Objetiva.

2 Ibid., p. 42, grifo do autor.

Rudolph Clausius, e que estipula que um sistema de energia que se transforma, passando de um estado para outro, não conserva sua energia, mas necessariamente perde uma parte dela na forma de calor. Esse é o princípio da variação de entropia sempre positiva nas trocas de energia.

Definimos assim para um sistema um tempo térmico que corresponde ao seu estado macroscópico. Esse estado não é estável, varia ao longo do tempo. Mas a ideia inovadora consiste em operar uma mudança de perspectiva e em dizer que não é o tempo que determina o estado do sistema, mas sim o estado macroscópico do sistema que singulariza um tempo para esse sistema. Esse tempo térmico não tem nada de universal, ele caracteriza um sistema. O princípio da variação de entropia, sempre positiva nas variações de estado de um sistema, implica que o tempo térmico é orientado, ele cresce permanentemente para um sistema. Daí a ideia de vincular a seta do tempo ao nível de entropia e de dizer, como Rovelli, que a diferença entre passado e futuro no nível da física se deve apenas a um baixo nível de entropia no início do Universo. "Existem vestígios do passado e não vestígios do futuro *apenas* porque a entropia era baixa no passado. Por nenhuma outra razão".[3]

Essa asserção me chamou a atenção, pois incita nossa sacrossanta gramática a dar o braço a torcer. Aquilo que nos orienta no tempo deve-se a algo que ultrapassa completamente nossa intuição e que só é válido, ademais, no quadro restrito de nosso mundinho, porque nada nos impede de pensar um universo quântico em que passado e futuro não se distinguiriam do mesmo modo e em que os efeitos poderiam preceder as causas.

3 Ibid., p. 129.

2. O tempo das neurociências

No decorrer de minhas leituras para preparar este livro, deixei-me distrair por um autor que anunciava este título atrativo: *Your Brain is a Time Machine.*[1] Seu cérebro é uma máquina do tempo. Difícil, para dizer a verdade, traduzir esse *time machine*, porque o inglês, ao condensar as palavras, é decerto muito eficaz, mas não permite que as nuances se façam ouvir. É seu cérebro que fabrica o tempo que, aliás, não existe? É provável. Mas isso não é totalmente exato, pois ele também é um órgão que funciona com um tempo que lhe é exterior.

Seja como for, esse livro descreve, com provas experimentais de apoio, todas as capacidades do cérebro em avaliar o tempo e sincronizar os diferentes órgãos que parecem obedecer a um determinado ritmo biológico, quase circadiano.

A tese central do livro consiste em dizer que se o tempo dos físicos é uma realidade incerta e relativa, em contrapartida, o cérebro

---

1 Buonomano, D. (2017). *Your Brain Is a Time Machine: The Neuroscience and Physics of Time*. W. W. Norton & Company.

tem meios de representar um fluxo do tempo, isto é, de organizar os acontecimentos entre passado, presente e futuro.

Esse livro relata todas as experiências que permitiram pôr em evidência um centro nevrálgico situado acima do quiasma óptico, o núcleo supraquiasmático que sincroniza, por meio de numerosas redes neuronais, todos os órgãos que contribuem para a existência de um relógio circadiano interno que funciona mais ou menos independentemente das circunstâncias externas, como a alternância do dia e da noite.

Esse relógio circadiano interno talvez seja o responsável pelas discrepâncias que existem entre o transcorrer do tempo que os nossos relógios medem e a sensação de passagem do tempo que cada um pode experimentar de forma mais ou menos diferente de acordo com o que está vivendo.

Seria possível dizer que o tempo existe para cada um na medida em que o representamos. Descrevemos assim um tempo prospectivo, o da espera, por exemplo, e um tempo retrospectivo que põe em jogo processos de memória.

Suponha que você estivesse saindo de férias e descobrisse, ao chegar ao aeroporto, que seu voo está atrasado. O tempo de espera lhe parece interminável porque você não tem nada mais a fazer a não ser medir esse tempo que se eterniza, ou enganar seu tédio com uma visita protocolar ao aeroporto. Seu voo está finalmente pronto para partir. Tirando esse episódio chato no aeroporto, suas férias transcorrem muito bem, você consegue fazer tudo aquilo que tinha planejado e o tempo passa a uma velocidade considerável. Na volta, o tempo da espera interminável no aeroporto é praticamente esquecido, porque a visita ao aeroporto não teve nada de emocionante; por outro lado, o tempo das atividades de suas férias que passaram tão rápido é dilatado retrospectivamente, porque é representado pelas memórias de suas atividades diversas.

Em outras palavras, a *time machine* não apenas faz com que você se adapte ao relógio do qual precisa para viver de uma forma não muito desorganizada, mas também fabrica o tempo subjetivo com o qual você constrói uma história para si mesmo.

Outro ponto me chamou a atenção durante a leitura desse livro. Buonomano mostra que, para o nosso cérebro, o tempo está intrinsecamente ligado à representação do espaço. Isso é algo que já se demonstra com bastante facilidade no reino animal. O animal sabe medir o tempo que lhe é necessário para se lançar sobre sua presa ou, ao contrário, o tempo que lhe é necessário para fugir de um predador em função de um julgamento que faz a respeito da distância em que se encontra. Tempo e espaço são, portanto, mensurados conjuntamente.

"Nossa capacidade de apreender o conceito de tempo é baseada nos circuitos neuronais que permitem navegar, representar e compreender o espaço."[2]

E, como o tempo e o espaço adotam os mesmos circuitos neuronais, não surpreende que a própria linguagem use metáforas espaciais para falar sobre o tempo. Falamos facilmente em olhar para trás para evocar o passado ou em nos projetarmos para a frente para pensar no futuro. Em outras palavras, nosso cérebro concebe o tempo espacializando-o. A bem dizer, as neurociências apenas confirmam e dão substrato a uma relação entre tempo e espaço que a filosofia identificou há muito tempo.

2 Ibid., Capítulo 10 ("The spatialization of time in neuroscience").

3. O tempo dos filósofos

Se eu tivesse que fazer uma lista exaustiva dos filósofos que se debruçaram sobre o conceito de tempo, atrasaria significativamente o momento de começar a trabalhar em minha questão e, como o tempo urge, vou apenas tratar superficialmente deste tópico ao falar do inevitável Heráclito, sobre quem observo que não é certo que tenha escrito muito; restam apenas fragmentos dele citados por outros autores, às vezes talvez falsificados. Esses fragmentos, muitas vezes obscuros, são bastante fulgurantes. Eles conduziram a muitas interpretações.

Heráclito

De Heráclito, facilmente lembramos que foi ele quem disse: "Em rio não se pode entrar duas vezes no mesmo".[1] Esse fragmento é ainda mais facilmente lembrado porque foi assinalado e comentado por Montaigne. O que é notável é que Heráclito relaciona aí o tempo

1 Heráclito. (1989). *Sobre a natureza* (J. C. de Souza, Trad., p. 6). Nova Cultural.

com o estado do rio. Não se pode entrar no mesmo rio duas vezes, porque, na segunda vez, o rio não está mais no mesmo estado; a água correu sob as pontes, como diz o ditado consagrado. E dizer que a água passou por baixo das pontes é simplesmente medir que o tempo passou.

Mas Heráclito disse outras coisas sobre o tempo, e em particular isto, muito menos conhecido e bem mais obscuro: "O tempo (αἰών) é uma criança, criando, jogando o jogo de pedras [peões], vigência [realeza] da criança".[2] De acordo com os especialistas, é preciso observar o emprego da palavra *aión*, que designa, em grego, o tempo como duração ilimitada, em oposição a *chronos*, que é o tempo limitado, e ao lado de *kairós*, que é o instante a se apreender. Compreende-se bem que este tempo heraclitiano não é o tempo da humanidade regulado pelo *chronos*. Podemos admitir que ele é caprichoso, não razoável como uma criança brincando. Mas o que são esses peões manipulados pelo *aión*? Pelo que li sob a pena de Marcel Conche, que traduziu Heráclito e organizou seus famosos *Fragmentos*, creio entender tratar-se daquilo que nos serve como referência na língua para descrever o real do mundo, o qual Heráclito ressaltou ser feito de oposições ou contrários: o dia e a noite, a vida e a morte, o pai e o filho etc. O tempo joga com essa estruturação por meio de contrários, pois faz com que a noite suceda ao dia e a morte à vida, assim como o tempo de uma geração transformará o filho em pai.

Escolhi este fragmento de Heráclito, pois ele sublinha, de forma astuciosa, o fato de que o tempo intervém como um real que joga

2 Heráclito. (1991). Fragmento 50. In: *Os pensadores originários – Anaximandro, Parmênides, Heráclito* (E. C. Leão, Trad., p. 73). Vozes. Acrescentamos à tradução aqui a palavra "peão" [*pion*] e "realeza" [*royauté*] para ecoar a versão francesa [*Le temps éternel (aiών) est un enfant qui joue en déplaçant les pions: la royauté d'un enfant*], pois o autor, na sequência, retoma tais termos [N. T.].

com a estruturação binária oferecida pelos peões da linguagem para descrever o mundo. E estaria eu em contradição com o *aión*, rei-menino de Heráclito, ao escrever que ele tempera – a palavra é bem-vinda – a estupidez do significante?

Vista por esse ângulo, a problemática dos caprichos do *aión*, o Tempo eterno, talvez tenha, para quem pratica a leitura de Lacan, alguma ressonância com o estatuto da Verdade, a qual ele dizia ser feita de contradições, pois o que é verdade hoje talvez seja falso amanhã, e que era preciso, portanto, "segui-la em todos os seus maneirismos".[3]

Mas deixemos o admirável Heráclito e sigamos nosso caminho.

Aristóteles

Eis agora Aristóteles, aquele que, como indiquei no Preâmbulo, identificou o tempo como medida da mudança ou do movimento. Se o tempo é medida, trata-se de uma obra da mente, uma vez que apenas a mente é capaz de mensurar. Essa posição assumida por Aristóteles prefigura o conceito de um tempo subjetivo às expensas de um tempo real puramente físico. Mas como qualificar, como apreender esse tempo subjetivo?

É aí que Aristóteles coloca a questão do ser do tempo, que será retomada por todos os filósofos depois dele. De acordo com ele, o tempo é dividido em duas partes: o passado, que não existe mais, e o futuro, que ainda não existe. Como é possível falar de um ser composto de duas partes, das quais uma não existe mais e a outra ainda não existe? E qual é o lugar do presente? O presente é o instante. O ser do tempo se reduz ao instante? Devemos considerar o

3 Lacan, J. (inédito). *Les non-dupes errent 1973-1974*, lição de 9 de abril de 1974.

tempo uma sequência de instantes, assim como consideraríamos a linha uma sequência de pontos?

Santo Agostinho

Santo Agostinho retoma a questão ao confrontar o paradoxo proposto por Aristóteles. Todos conhecem a famosa fórmula presente em suas *Confissões* no livro XI: "O que é o tempo, então? Se ninguém me perguntar, eu sei; mas, se quiser explicar a alguém que me pergunte, não sei".[4]

Santo Agostinho se depara com a questão do ser do tempo. "Mas é com segurança que afirmo saber que, se nada passasse, não haveria tempo passado; se nada sobreviesse, não haveria tempo futuro; e, se nada fosse, não haveria tempo presente. Logo, aqueles dois tempos, passado e futuro, em que sentido eles são, se o passado não é mais, e o futuro ainda não é? Mas o presente, se fosse sempre presente e não se tornasse passado, não seria presente, e sim eternidade. Logo, se o presente, para que seja tempo, há de se tornar passado, como podemos dizer, a respeito dele também, que é, se a razão de sua existência é deixar de ser?"[5]

Ele resolve o paradoxo à sua maneira, dizendo: "Contudo, o que por ora é claro e límpido é que tanto o que é futuro quanto o que é passado não é, e não se diz propriamente: os tempos são três, passado, presente e futuro, mas talvez se devesse dizer propriamente: os tempos são três, o presente do passado, o presente do presente e o presente do futuro. Esses três, de fato, estão na alma, de alguma

---

4 Santo Agostinho. (2017). *Confissões* (L. Mammì, Trad.). Companhia das Letras; Penguin, arquivo digital.

5 Ibid.

maneira, e não os vejo em outro lugar: a memória presente do passado, a visão presente do presente, a expectativa presente do futuro".[6]

Essa solução agostiniana é particularmente interessante. Ela efetivamente retoma o questionamento de Aristóteles, mas o enriquece ao pontuar que nada pode ser dito senão no presente. O fato de que se diga ficava esquecido na questão de Aristóteles. E essa especificação de Agostinho prefigura a distinção a se fazer entre o tempo da enunciação – dizemos no presente – e o tempo do enunciado quando evocamos o passado ou o futuro. Mas essa referência agostiniana me levará mais longe, como você pode supor pelo título que escolhi dar a este livro.

Por ora, deixo essa formulação de Agostinho como perspectiva. Vou retomá-la mais tarde.

Quando evocamos a questão do tempo em Santo Agostinho, geralmente nos referimos a essa passagem do livro XI das *Confissões*. Mas trata-se de uma questão recorrente para o bispo de Hipona. Em *A cidade de Deus*, ele persiste em sua pesquisa sobre o tempo. O que me chamou a atenção é o cuidado com que ele assinala os paradoxos produzidos pela conjugação dos verbos. A tal ponto que comecei a pensar nele chamando-o, perdoe-me, de Agostinho gramático.

Agostinho gramático

Recomendo a leitura do livro XIII de *A cidade de Deus*. Agostinho observa aí que, quando se pensa sobre isso, o verbo *morrer* levanta questões, sobretudo no particípio presente. Quando dizemos que alguém está *dormente/adormecido* [*dormant*],[7] significa que está

---

6 Ibid.

7 O particípio presente em português, geralmente formado com terminações como *-ante*, *-ente* e *-inte*, tem funções de adjetivo ou substantivo. No entanto,

imerso no sono. Se se diz que alguém está *morrente/moribundo* [*mourant*], isso significa que ele está mergulhado na morte? Não! Mas então, "Como, portanto, chamamos de moribundos os que ainda não estão mortos, e que ainda agonizam? Contudo chamamo-los assim com razão, porque, vindo a morte, já não os chamamos de moribundos, mas de mortos".[8]

Há, portanto, dois termos distintos: *morrente/moribundo* e *morto*. Um é usado antes da morte e o outro depois. Mas Agostinho muda de opinião e especifica que há três tempos: antes da morte, na morte e depois da morte, e três estados correspondentes: vivo/vivente [*vivant*], moribundo/morrente [*mourant*] e morto. O estado do morrente/moribundo é paradoxal, pois o sujeito moribundo ainda está vivo, ele é ao mesmo tempo moribundo e vivo. "Logo, fina-se entre esses dois momentos em que é moribundo ou está na morte, porque, se ainda vive, está antes da morte e, se deixou de viver, já está depois da morte. Em conclusão, é impossível compreender quando é moribundo ou quando está na morte. O mesmo ocorre com o tempo. Busca-se o presente e não se dá com ele, porque o cruzar do futuro ao passado é espaço inapreciável."[9] Você deve ter notado que Agostinho trata aí da morte como tratou do presente no livro XI das *Confissões*.

Então, o que acontece com o verbo *morrer* para que não possamos usar seu particípio presente, como fazemos com os outros verbos, sem levantar questões insolúveis?

"É precisamente a isso que me referia, ao dizer que não se pode explicar com palavras como chamamos moribundos aos que ainda

---

muitos consideram que ele não existe mais no português contemporâneo, sendo as palavras derivadas simplesmente substantivos ou adjetivos (como "dançante", "escrevente", "presidente", entre outras). [N. T]

8 Santo Agostinho. (2017). *A cidade de Deus* (O. P. Leme, Trad.). Vozes, arquivo digital.

9 Ibid.

vivem ou dos já mortos, mesmo depois da morte, dizemos estarem na morte. Como depois da morte, se ainda estão na morte?"[10]

É verdade que não se diz que alguém esteve morto. Ele morreu, ponto. Estar morto é um estado presente, para sempre.

Diante desse problema metafísico, Agostinho tem sua solução; ele a explica com cautela. "Daqui deduzo não carecer de oportunidade e de sentido minha opinião de que, talvez não por causa da lógica humana, mas por intenção divina, o verbo *moritur* (morre) em latim não hajam os gramáticos podido conjugá-lo pela mesma regra com que se conjugam os demais."[11]

Com efeito, se compararmos este verbo *morior* com o primeiro que vem sob a pena de Agostinho: *orior*, levantar-se, a declinação no passado dá: *ortus est*, levantou-se.

Ora, se pedirmos ao verbo *morior* que nos diga como é declinado no passado – parafraseio mal Agostinho para tornar a passagem mais legível, mas ele se dirige diretamente ao verbo –, ele responde: "Diz-se *mortuus est* (morreu), duplicada a letra *u*. Dize-se *mortuus* (morto), *fatuus* (fátuo), *arduus* (difícil), *conspicuus* (conspícuo) etc., que não são particípios, mas nomes, e por isso se declinam sem tempo. Naquele, entretanto, simulado declinar o indeclinável, põe-se o nome em lugar do particípio passado".[12]

Além de seu estilo inimitável, essa passagem de Santo Agostinho sobre as peculiaridades da gramática é particularmente rica para um psicanalista. Vemos aí Agostinho atento às insuficiências da linguagem para conjugar o verbo morrer como qualquer outro verbo. O

---

10 Ibid.

11 Ibid. *Moritur* = ele morre; Agostinho designa o verbo pelo presente do indicativo da terceira pessoa do singular. Habitualmente os latinistas utilizam mais a primeira pessoa; aqui, *morior*.

12 Ibid.

particípio presente leva a um paradoxo: já se está mergulhado na morte quando se é moribundo ou ainda se está vivo? Quanto ao particípio passado que deveria designar uma morte passada, existe apenas como simples adjetivo ou substantivo.

O ser falante encontra uma dificuldade maior quando tem que evocar a questão de seu ser para a morte, como dirá Heidegger. Com relação à morte, quando ele tenta se agarrar à gramática para se orientar entre passado, presente e futuro, o ser falante não entende mais nada, perde seu latim [*en perd son latin*] ou, mais precisamente, digamos que sua gramática latina o trai.

Mas Agostinho encontrou sua solução. É Deus quem se manifesta nas insuficiências da gramática. E se a morte, que corresponde à separação da alma e do corpo, é indeclinável, em contrapartida, há uma segunda morte que corresponde à conflagração do corpo e da alma nas chamas do inferno. Isso seria declinável. Os infelizes não estarão antes da morte, nem depois da morte, mas eternamente morrendo [*mourants*], "nunca mais serão viventes e nunca mais serão mortos, mas eternamente moribundos. A suprema desgraça para o homem na morte será, com efeito, que a morte seja imortal".[13]

Deixemos esse querido Agostinho gramático, pois preciso continuar meu caminho filosófico.

Hegel

Dificilmente se pode evitar Hegel.

O que ele disse sobre o tempo não é fácil de entender. É preciso a ajuda de comentadores para poder decifrar Hegel. Lacan, tendo seguido os cursos de Kojève, foi um para mim. Mas ele se interessou

---

13 Ibid.

sobretudo pela dialética hegeliana, da qual se valeu para estruturar os quatro discursos. Ele não se deteve muito na questão do tempo desenvolvida por Hegel. Fora que ainda notou que Hegel definia o conceito como "tempo da coisa".[14]

O que Hegel questiona é a forma como o conceito representa a coisa. Decerto, não é preciso estar diante dela para conceituá-la, mas, por isso, a questão é saber o que é o conceito em relação à coisa. É sua forma, sua imagem, seu símbolo? Hegel responde que é o tempo da coisa. Refere-se ao rio de Heráclito. Quando falamos do rio, é do rio em determinado momento, e é certo que a coisa *rio* muda o tempo todo. O conceito, por sua vez, deve ser estável, ele fixa a coisa num momento do tempo. Lacan usou essa referência hegeliana para questionar a noção de repetição na transferência.

Uma palavra que o analisante [*analysant*] conseguiu repetir muitas vezes sem se emocionar, enunciada no presente da sessão, ganhará um peso inusitado pelo fato de esse presente pôr em evidência o tempo da coisa em questão. Lacan assimila o tempo da coisa com sua ressonância inconsciente. O tempo é a ressonância inconsciente. Ela é reativada pela situação transferencial que é, portanto, algo bem diferente de uma simples repetição do passado.

Essa assimilação que Hegel faz do tempo ao conceito não é fácil de apreender. Ela fica mais clara para mim quando leio um conto de Jorge Luis Borges, "Funes, o memorioso".[15] Borges nos descreve seu encontro com um velho camarada, o infeliz Funes, que passa a sofrer, após um acidente a cavalo, por não conseguir esquecer nada. Borges o imagina às voltas com o significante reduzido ao signo, isto é, numa relação direta, não apagada, com a coisa que ele representa. Assim, Funes não compreendia que o cão "das três e

---

14 Lacan, J. (1975). *O seminário, livro 1: os escritos técnicos de Freud (1953-1954)* (p. 275). Zahar.

15 Borges, J. L. (1999). *Ficções – 1899-1986* (C. Nejar, Trad.). Globo, arquivo digital.

catorze (visto de perfil) tivesse o mesmo nome que o cão das três e quarto (visto de frente)".[16] Isto é, para falar em termos hegelianos, Funes não admite o cão como conceito. Daí a necessidade de indexar as precisões do tempo da observação. Funes está condenado a não conseguir esquecer nenhum desses detalhes temporais por não conseguir registrar o conceito, o que implica que a relação com a coisa é apagada. Haveria muitas outras coisas a dizer sobre esse surpreendente conto de Borges; relendo-o hoje, percebo que ele descreve, com muita precisão, a desordem que testemunham certos escritores autistas.

Voltemos a Hegel. Sua extrema preocupação em precisar aquilo de que está falando o torna muito difícil de ler. Tanto quanto seu compatriota Heidegger, com quem pretendo encerrar minha jornada filosófica.

Heidegger

Há uma relação óbvia para Heidegger entre tempo e ser. Há um tempo contanto que haja ser. É preconcepção de Heidegger considerar o tempo em sua dimensão puramente subjetiva, isto é, o tempo que cada sujeito tem para ser, com esse ponto de origem que o ser está programado para não mais ser, ou seja, para a morte.

Haveria muitas coisas para estudar nesse complicado texto de Heidegger que é *Ser e tempo*,[17] mas conservo sobretudo sua classificação da temporalidade em três *ekstases* que são o passado, o presente e o futuro. Ao introduzir esse conceito, o filósofo alemão quer mostrar como o tempo que participa da constituição do *Dasein* permanece exterior a ele e, de certa forma, inatingível.

16 Ibid.

17 Heidegger, M. (2005). *Ser e tempo* (M. S. C. Scbuback, Trad.). Vozes.

Mas o emprego do neologismo *ekstase* também parece indicar que o tempo não estagna em uma das três categorias, ele está de certa forma sempre em outro lugar, como observava Agostinho.

Também é preciso compreender que o *Dasein* se temporaliza ao fazer a unidade dessas três *ekstases*. "*Temporalidade* é o 'fora de si' em si e para si mesmo originário. Chamaremos, pois, os fenômenos caracterizados de porvir, vigor de ter sido e atualidade, de *ekstases* da temporalidade. Ela, sobretudo, não é um ente que só sai de dentro de si. Mas a sua essência é *temporalização* na unidade das *ekstases*."[18]

Essa afirmação muito complexa guarda um ponto essencial. O *Dasein* – que pode ser assimilado ao ser falante ou ao *parlêtre* de Lacan – só pode ser localizado em seu modo de ser no mundo com a condição de fazer a unidade de seus três modos de temporalidade. Ao fazer isso, ele encontra sua própria unidade.

Devo a Édith Blanquet,[19] autora de um pequeno manual publicado pela editora Ellipses, a elucidação dessa complicada passagem. "Ninguém se surpreende quando, ao mostrar uma foto, eu digo: sou eu quando tinha seis meses."[20] Com efeito, se consigo me reconhecer numa fotografia de infância é porque consigo fazer a unidade entre aquilo que fui, o que sou no momento em que mostro a fotografia e isso não pode ser feito sem a participação do futuro, uma vez que tenho que admitir que o que sou hoje se encontrava numa posição de futuro em relação ao momento fixado no filme fotográfico.

Para concluir com Heidegger, note não somente que suas três *ekstases* do tempo devem encontrar uma maneira de se unir, mas que elas também dependem umas das outras. Como observa a autora da obra que popularizou a filosofia de Heidegger a que me refiro, "cada

---

18 Ibid., p. 123.

19 Blanquet, E. (2012). *Appendre à philosopher avec Heidegger*. Ellipses.

20 Ibid., p. 114, tradução nossa.

uma das dimensões temporais do tempo vulgar (passado, presente e futuro) só ganha sentido a partir das outras duas".[21]

Isso não deixa de ecoar, para mim, uma estrutura da qual Lacan fez amplo uso ao final de seu ensino: o famoso nó borromeano, emblema da família Borromeo, feito de três anéis entrelaçados de tal forma que basta que um deles se abra para que os outros dois sejam liberados. Fica claro que cada anel que representa um ramo da família se define apenas em relação aos outros dois, e que o nó do conjunto garante a unidade dessa família.

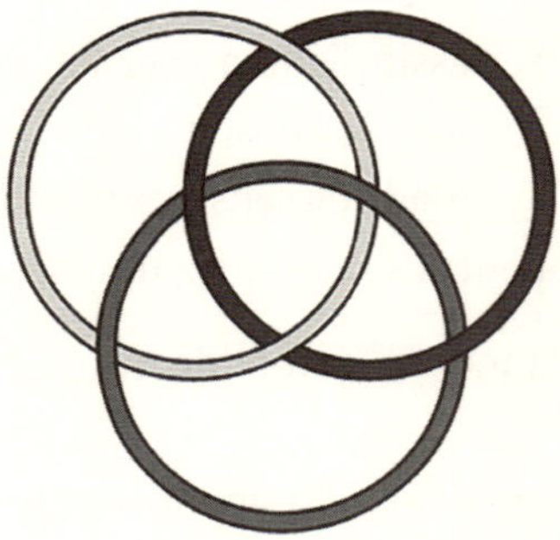

Figura 3.1 *Os anéis da família Borromeo.*

O fato de haver três *ekstases* do tempo já é bastante significativo. Seria necessário poder remetê-los às três categorias identificadas por Lacan: o imaginário, o simbólico e o real. É bastante intuitivo de imediato, mas deixo esse ponto de lado por enquanto para respeitar a cronologia de meu pensamento.

Com efeito, o que me levou a trabalhar essa difícil questão do tempo foi uma constatação feita a partir da clínica de certos autistas, para os quais é evidente que há dificuldade em se orientar no tempo e, portanto, a se historicizar [*historiser*]. Eles parecem estar em um

21 Ibid.

presente permanente que não consegue se inscrever num passado, e o futuro não os preocupa a não ser pela questão que pode se tornar lancinante de seu ser-para-a-morte.

Prova disso são os encontros com Irineu, uma criança que me havia sido encaminhada de início com o diagnóstico de autismo, que eu hoje retificaria dizendo, de forma mais prudente, que ele apresentava todos os traços de um transtorno global do desenvolvimento. "Por que esse nome?", você me dirá. Para respeitar o anonimato, claro, e em referência ao conto de Borges, pois esse é o nome dado ao seu infeliz Funes.

O caso Irineu

Irineu tem uma relação muito falha com o tempo. Ele é incapaz de usar a dimensão do tempo para organizar sua vivência. Um grande número de sessões com ele invariavelmente começa com o fato de que é preciso que ele me faça uma espécie de inventário à la Prévert,[22] uma lista impressionante de significantes sem pé nem cabeça, assim que ele entra em meu escritório. "As torres de Mourenx, as chaminés da fábrica Sobegi, as latas de lixo na calçada, a caminhonete azul, a estrada para Mauléon, a pizzaria Napoli...". Chegando ao fim da lista, ele me diz: "Vou recomeçar", e repassa sua lista ao avesso como em certas cantigas infantis, ou em certas brincadeiras de criança que sem dúvida são feitas para exercitar a memória. Essa lista impressionante, repetida incessantemente num sentido e no outro, é maçante, mas não vou interrompê-lo de jeito nenhum.

22 Um inventário à la Prévert é uma lista poética de objetos, ideias, ou elementos comuns da vida cotidiana, emulando o estilo do poeta francês Jacques Prévert (1900-1977). [N. T.]

Ademais, chegando ao fim da lista, ele me questiona, angustiado: “É isso, doutor?”. Ele precisa de meu assentimento.

Essa lista, que parece não ter sentido, é feita de significantes encontrados durante seu trajeto para vir ao meu consultório. Essa enumeração não está organizada em uma história, nem mesmo a de seu trajeto, e é por isso que ele é obrigado a se lembrar dela, não pode esquecê-los sob pena de não saber se ele ainda é ele mesmo quando chega ao meu escritório, isto é, idêntico ao que ele era no início do caminho.

Ele não tem nenhuma noção de tempo? Não, eu não poderia dizer isso, pois ele é um jovem apressado, as sessões são muito curtas com ele, mas ele sabe me dizer que esperou muito tempo na sala de espera ou que foi cansativo vir, porque ele veio de bicicleta com o pai. Portanto, o tempo existe para ele, ele tem noção do tempo. Mas ele não o usa para historicizar a si mesmo. Seu passado se reduz a essas impressionantes listas de palavras que ele tem de repetir sem parar para ter a certeza de ser e ter sido alguém. Quanto ao futuro, para ele se resume a intermináveis questões sobre a morte.

No início dos nossos encontros, ele tinha apenas 5 anos e não parava de me fazer perguntas como: “Se eu pular da janela, posso morrer? ou “Se eu pular de um avião, posso morrer?”. Outras vezes, ele me fazia uma lista igualmente impressionante, em que o significante *morte* era associado a uma cor. “A morte amarela do dente mole, a morte vermelha da dor no joelho, a morte branca do soluço”. A morte existe em seu vocabulário, mas não está corretamente inscrita em seu contexto, e as perguntas que ele me fazia testemunhavam sua incerteza sobre a morte como o fim de algo. Poder-se-ia dizer, em termos heideggerianos, que ele não consegue esquecer seu ser-para-a-morte.

Ele escapa dela esvaziando de sentido o significante “morte”, que ele emprega em seu vocabulário – a morte amarela, a morte vermelha, a morte branca; curiosamente, será pura ironia do significante?, não há morte azul em seu inventário –, mas o aspecto barroco dessa lista leva a pensar que ele não integra aquilo que a morte é como termo, como fim de uma história. Para que a história tenha um fim, ela deve primeiro ser uma história, isto é, uma série de encontros ordenados no tempo, um tempo que não é o do relógio, mas o tempo subjetivo.

Uma história é construída com marcos significativos que se associam uns aos outros por meio de referências a outros momentos semelhantes ocorridos no passado e que constituem a experiência de cada um. A historicização permite tomar distância com relação a um real, puro presente.

O tempo subjetivo é, portanto, constituído de três registros: o passado, o presente e o futuro. Em nossa cultura, ele é marcado na língua pela conjugação dos verbos, o que não ocorre em todas as culturas. Em chinês, em particular, não há conjugação, o que anda de mãos dadas com o fato de que a cultura clássica chinesa não se preocupa com o tempo como fluxo contínuo, mas o enxerga como uma série de ciclos. Portanto, não posso concluir esse percurso sobre o tempo na filosofia sem passar pela sabedoria chinesa.

A concepção de tempo na filosofia chinesa

Não é possível abordar a questão do tempo na filosofia chinesa sem fazer referência ao trabalho de François Jullien,[23] que questiona nossa filosofia ocidental do ponto de vista externo do pensamento chinês. Jullien observa que "a China não pensou a criação, aquela por meio da qual se separam o eterno e o temporal e que serve como ponto de partida para o tempo – nem tampouco o fim dos

---

23 Jullien, F. (2016). *Du "temps". Éléments d'une philosophie du vivre*. Biblio Essais.

tempos, quando o tempo se dissolveria".[24] Isso explica aquilo? O chinês clássico não tem o verbo *ser*. Ele emprega outras formas de cópula, como "encontrar-se em" ou "há". Além disso, em chinês, os verbos não são conjugados de acordo com nossos três tempos, eles não levam a desinência. Não conjugar equivale a não ligar o temporal ao verbal. O fato de podermos não vincular o tempo ao verbo nos permite lançar um outro olhar sobre nossa apreensão do tempo. Percebemos, então, que o tempo está ligado à língua. Já vimos isso com Santo Agostinho; o que mais faz ele ao tentar apreender o conceito de tempo senão lutar com a língua latina?

Os chineses não pensavam no tempo como um conceito abstrato e metafísico, porque eles têm uma perspectiva muito mais concreta. Eles se interessam principalmente pela ocasião (*shi*) e pela duração (*jiu*). Contudo, "não conceberam um envelope que contivesse igualmente os dois e que fosse o tempo".[25]

Shi – o momento, a ocasião – está em relação direta com a estação. A importância da tradição agrícola na China clássica conferiu um valor estratégico à estação. Cada estação induz um tipo de vida. É preciso agir de acordo com a estação, daí a ideia de saber escolher o momento oportuno. Essa referência chinesa ao tempo como um momento em relação à estação põe em relevo algo que esquecemos, a saber: que em nossas línguas latinas *tempus* designa tanto o tempo que passa quanto o tempo que está fazendo. Todas as reflexões filosóficas ocidentais enfatizaram a preocupação com o tempo que passa. Ao enfatizar mais o tempo que faz – em referência à ordem das estações –, a sabedoria chinesa está mais preocupada com a disponibilidade no momento do que com o tempo como fonte de uma falta a ser e de uma angústia existencial.

---

24 Ibid., p. 40.

25 Ibid., p. 53.

"O que o chinês não diz é o sentido da vida."[26] Jullien se pergunta por que e oferece a seguinte explicação: "Quando penso a vida sob o horizonte do tempo e, consequentemente, o enxergo como uma travessia, sou imediatamente levado a me perguntar o sentido dessa travessia: por que (para que serve) ir de um extremo ao outro, do meu nascimento à minha morte? Mas se penso em vivê-lo de acordo com a ocorrência do momento e como uma transição contínua, um momento chamando o outro, a questão não tem mais lugar, nem tampouco essa tensão existencial e esse belo drama que ela organiza".[27]

Como seria bom ser chinês para não ficar obnubilado com o tempo que passa e com o sentido da vida! Decerto não é esse tipo de afirmação, fazendo-nos invejar uma lendária sabedoria chinesa, que interessa no livro de François Jullien. É, antes, o fato de que, por esse artifício de um outro ponto de vista, Jullien nos faz reconsiderar os paradoxos de nosso pensamento sobre o tempo, acentuando as virtudes do presente às expensas do passado que impele à nostalgia e do futuro que induz a expectativa ansiosa da angústia.

Graças a esse autor redescobrimos a sabedoria de Montaigne, que escreveu em seus *Ensaios*: "Quando danço, danço; quando durmo, durmo. Mesmo quando passeio solitário por um belo pomar, se durante parte do tempo meus pensamentos estão entretidos com acontecimentos externos, durante outra parte os trago de volta ao passeio".[28] Montaigne nos descreve sua relação particular com o tempo, que ele traz de volta ao presente de sua ação. Não se trata de uma dissertação sobre o tempo, mas de um testemunho de sua relação com o presente. Se o presente tem esse lado fugaz e

26 Ibid., p. 234.

27 Ibid., pp. 234-235.

28 Montaigne, M. de. (2010). *Os ensaios – Uma seleção* (R. F. d'Aguiar, Trad.). Companhia das Letras/Penguin, arquivo digital.

inapreensível descrito pelos filósofos e pelos físicos, a única forma de defini-lo, de lidar com ele, de dominá-lo é por meio da ação. Estar presente naquilo que se faz, estar no presente daquilo que se faz. Se Montaigne chamou a atenção de nosso filósofo sinólogo, é porque ele especifica que, mais do que o presente da ação, o que conta é a escolha do momento. "A gloriosa obra-prima do homem – escreveu Montaigne – é viver como convém."[29] É compreensível que essa fórmula tenha agradado a François Jullien; ela ressoa com a sabedoria chinesa, que não tem outra preocupação com o tempo senão saber identificar a estação, o momento. Mas o povo chinês, que não perdeu o encontro com a modernidade, soube apreender a oportunidade de entrar no mercado globalizado. E para isso, ele teve de adotar a gestão de tempo ocidental. Isso nos leva, naturalmente, à necessidade de considerar a dimensão sociológica do tempo.

---

29 Ibid.

4. O tempo dos sociólogos

A gestão do tempo tem um alcance sociológico evidente.

Ajustar-se ao tempo [*se mettre à l'heure*] de seu vizinho obviamente tem um sentido. Para poder se comunicar, é preciso ajustar os relógios [*mettre les montres à l'heure*]. O tempo como conceito sociológico não deixa de interessar à minha pesquisa, de modo que me debrucei sobre um interessante livro do sociólogo alemão Norbert Elias, *Sobre o tempo*.[1] É uma obra a ser lida; aqui estão alguns elementos de leitura.

Elias inicialmente faz uma espécie de história da escansão do tempo. Digo *escansão*, pois o tempo que flui continuamente não interessa a ninguém e não tem sentido algum. Por outro lado, as escansões que isolam momentos em que algo deve ser feito têm todo o seu interesse.

No início, os homens se orientavam sobre os fenômenos cíclicos, elementos que voltam sempre ao mesmo lugar, para usar uma

---

1 Elias, N. (1998). *Sobre o tempo* (V. Ribeiro, Trad.). Zahar, arquivo digital.

terminologia lacaniana. Para Elias, esses são o ritmo das marés, os batimentos cardíacos, o nascer e o pôr do sol, os solstícios, as fases da lua. Esses momentos não eram percebidos por todos e confiava-se aos sacerdotes – a quem era atribuído um saber sobre as coisas celestiais – a tarefa de detectar o momento certo e colocar todos na hora [*mettre à l'heure*] daquilo que era necessário fazer: semear, colher, armazenar, podar etc. As principais festas religiosas estão, aliás, sempre relacionadas a esses marcos dos movimentos do Sol ou da Lua. Isso equivale a dizer que o que acontece no céu serve de referencial para ritmar nossas vidas.

Isso levou alguns a dizerem que o tempo é um objeto da natureza, embora não seja perceptível. Para outros, o tempo é um elemento da sociedade, portanto eminentemente simbólico, e seria, pois, apenas um objeto cultural. Na verdade, são as duas coisas ao mesmo tempo, e todo o princípio da cultura visa regular o relógio fisiológico de cada um – que é um objeto de nossa natureza, dependente de secreções hormonais reguladas pelo ritmo nictemeral, o ritmo das estações – ao relógio social.

A era em que somente os sacerdotes sabiam escandir o tempo acabou. É o Estado que passa a deter o monopólio do estabelecimento do calendário. Foi Júlio César quem desenvolveu o primeiro calendário que se mantinha mais ou menos preciso; ele o fez para acabar com as manipulações de alguns que acrescentavam dias, ou até mesmo semanas e meses, para aumentar seu tempo de mandato no poder. Houve outros reajustes necessários para chegar ao calendário que temos hoje, que consegue harmonizar a divisão do tempo em horas, dias e anos de acordo com os movimentos do sol e a divisão em meses que responde ao ritmo da lunação. Uma lunação tem duração média de 29 dias, 12 horas e 44 minutos. Se o ano tiver 12 meses e 365 dias, cada mês deverá ter 30 dias e meio. Júlio César, portanto, para harmonizar tudo isso e colocar todo mundo em sincronia, decidiu remover um dia do mês de fevereiro e adicionar um dia a cada mês ímpar: o primeiro, o terceiro, o quinto, o sétimo e o décimo primeiro. Como ainda faltava a esse arranjo alguma precisão, no ano de 1600 foi introduzido um dia extra para os anos bissextos.

Todo esse pequeno cálculo é interessante, pois mostra que o tempo do calendário é um tempo puramente simbólico. Trata-se de um sistema de escrita que é da ordem da matemática. Ele é feito para identificar o mais próximo possível o tempo como real, cuja origem é o ritmo de aparecimento e desaparecimento dos dois astros que dominam nosso céu: o Sol e a Lua, cujas frequências não podem ser harmonizadas, ainda que possamos, por cálculo, prever os fenômenos em que um eclipsará o outro.

Poderíamos, portanto, dizer até mesmo que o tempo é um produto dos matemáticos; em todo caso, é graças ao progresso da matemática que podemos medir o tempo de forma universal.

Elias observa que em nossas sociedades civilizadas há um certo fetichismo do tempo. Todo mundo usa relógio desde jovem, a hora é exibida em todos os lugares a ponto de os relógios pessoais não serem mais tão necessários quanto antes. Todo mundo regula seu tempo praticamente da mesma maneira. Sabemos, por exemplo, exatamente o que a grande maioria dos franceses faz às oito horas da noite. É a hora em que na maioria das casas nos sentamos à mesa para jantar em frente à televisão, que destila o seu famoso jornal das 20h. A tal ponto que oito horas da noite é a hora certa para um evento ocorrer se quisermos que ele tenha audiência nacional.

Se estamos tão sincronizados sobre esse tempo social, é porque de certa forma não temos escolha se quisermos contar por nossa presença no mundo. Aqueles que não se ajustam [*qui ne sont pas à l'heure*] aos outros são rapidamente marginalizados. É um dos efeitos observáveis de uma melhora para um sujeito psicótico quando vemos que ele começa a se levantar como os outros, que deixa de tomar o dia pela noite e que admite usar um relógio.

Mas o que Elias ressalta como fetichismo do tempo é outra coisa, é o uso imoderado de todos os nossos aparelhinhos que medem o tempo, a velocidade de nossos passos ou de nossos veículos, a nossa frequência cardíaca, para os adeptos do *jogging*. A última tendência são os relógios conectados. Graças a isso, algumas pessoas passam o tempo se cronometrando, medindo seus passos, seus batimentos cardíacos, sua pressão arterial, sua reserva calórica, estabelecem programas, o que já interessa a certas seguradoras de saúde americanas. Mas ao mesmo tempo começamos a perceber que isso pode levar algumas pessoas a uma perigosa dependência.

Seja como for, com nossas maquininhas temos a ilusão de dominar o tempo porque o medimos. Mas se insistimos tanto em medi-lo, em contá-lo, talvez seja para esquecer que, antes de mais nada, já que somos mortais, o tempo nos é contado; o fato de o contarmos é bastante acessório.

O fato de contar o transcorrer do tempo com tanta precisão não nos isenta de um outro fenômeno que os sociólogos identificam desde o final do século passado e que vem se acentuando em nosso século XXI: a aceleração.[2] Indivíduos de sociedades altamente civilizadas sofrem os efeitos dessa aceleração. Ela se deve, segundo os sociólogos, a três fatores: os progressos tecnológicos, que permitem viajar cada vez mais rápido (o que modifica o espaço reduzindo as distâncias); as comunicações entre os indivíduos, que são cada vez mais simples e rápidas; e, por fim, a aceleração da produção dos bens de consumo. Isso leva a uma aceleração do ritmo de vida, mas

---

2 Será proveitosa a leitura do livro *Accélération, une critique sociale du temps* (La Découverte, coleção Poche, 2013), do sociólogo H. Rosa.

que também é acompanhada por um aumento na quantidade de tempo livre. Essas transformações não deixam de ter efeitos sobre a identidade dos sujeitos.

A percepção daquilo que somos, nossa identidade, escreve Harmut Rosa, "depende diretamente de nossa relação com o espaço, com o tempo, com os nossos contemporâneos e com os objetos de nosso ambiente".[3] A identidade, observa ele, é hoje "temporalizada".[4] Isso a torna mais instável do que nos tempos clássicos.

Estamos ao mesmo tempo mais disponíveis, uma vez que muitas tarefas são executadas mais rapidamente, deveríamos estar mais livres, mas o estamos cada vez menos, porque temos de lidar com muitas exigências de contatos, e-mails para ler, respostas a dar, prazos para cumprir. A aceleração modifica a relação entre passado, presente e futuro. O passado é rapidamente superado, o futuro de longo prazo é mais difícil de prever, o que favorece uma preferência pelo presente e pelas satisfações imediatas, sobretudo entre os jovens.

A contrapartida dessa aceleração social, segundo Harmut Rosa, é a recrudescência dos sintomas depressivos nas sociedades modernas. E ele observa que "a depressão pode ser, sem dúvida alguma, compreendida como *uma patologia do tempo*".[5] Ele apoia essa tese em três pontos.

Em primeiro lugar, ele observa que ela pode ser uma consequência de experiências de estresse elevado, isto é, de uma pressão temporal não desejada.

Ele nota que ela representa uma reação psíquica caracterizada pela sensação de um tempo *coagulado*, *suspenso*, e pela ausência de um porvir.

3 Ibid., p. 275.

4 Ibid., p. 280.

5 Ibid., p. 302.

E, por fim, ele escreve "que ela parece encarnar, sob uma forma patológica pura, esse sentimento do tempo como *imobilidade fulgurante* que decorre da perspectiva temporal da *identidade situativa*".[6] A depressão seria então a contrapartida da agitação desordenada e da energia despendida por alguns para se adaptar às pressões temporais. É o que hoje chamamos de *burnout*, termo que muitos preferem à depressão e que remete mais a uma patologia individual do que a um problema social. Não entrarei nesse debate que distingue a psicanálise da sociologia. O importante me parece ser esse ponto de vista do sociólogo que situa a patologia do tempo na posição depressiva.

Isso não é novidade, uma vez que a melancolia clássica já apresentava uma patologia do tempo vivido na forma de uma eternidade insuportável. Mas a depressão de hoje não é exatamente a melancolia dos séculos passados, ao contrário. A melancolia era fruto de uma elite intelectual, artística e religiosa pouco sujeita às pressões externas. A depressão de hoje pode, pelo contrário, atingir todos e essencialmente aqueles que trabalham e estão sujeitos a exigências de resultados que a dinâmica da globalização capitalista torna inatingíveis.

A depressão espreita preferencialmente aqueles que não sabem se esquivar dos imperativos dessa aceleração devido à sua relação neurótica com a autoridade, que assimilam ao seu superego. Freud percebeu muito rapidamente que quanto mais alguém se submete a essa instância, mais exigente ela se torna. Hoje, na sociedade estruturada pela troca globalizada de bens e serviços, desenha-se uma espécie de superego coletivo que impõe essas exigências em forma de urgência e de aceleração. Ele devora aqueles que não têm meios para escapar de seu império. Não lhes dá tempo para respirar, tempo

6 Ibid., p. 303. Rosa denomina assim a identidade que deve se adaptar a todas as eventualidades imprevisíveis da vida atual, em que cada pessoa precisa lidar com uma flexibilidade cada vez maior em seu trabalho, situação domiciliar etc.

para viver. Um novo adjetivo, surgido nos últimos anos, diz isso com bastante clareza; diz-se facilmente [em francês] que uma atividade, um programa, são "*chronophages*" [cronófagos, consumidores de tempo]. Ser devorado pelo tempo, a expressão chama a atenção quando se pensa no mito grego de Chronos devorando seus filhos.

5. Chronos ou Cronos?

Norbert Elias observa que os gregos nomearam Chronos um de seus deuses mais terríveis. Chronos é o tempo em grego. Mas há uma controvérsia aí, porque para alguns não se deve confundir Cronos com a letra K, *kappa*, e Chronos com a letra X, *khi*. O primeiro seria o conhecido filho de Gaia e Urano, aquele que teria castrado o pai e devorado todos os filhos ao nascer, exceto seu último, Zeus, que teria se vingado e acorrentado Cronos por toda a eternidade.

Do segundo, não se fala muito; ele é representado por um velho com uma foice e uma ampulheta. Penso que não querer que essas duas figuras mitológicas se confundam é não querer entender que Chronos e Cronos são a mesma coisa. A homofonia é indiscutível. Parece, segundo Barbara Cassin,[1] que foi Aristóteles quem afirmou a homofonia. De fato, em uma carta de Aristóteles a Alexandre, o Grande, intitulada *De mundo*, podemos ler, no capítulo VII, que trata dos nomes de Deus: "Chamamo-lo *Chronus* ou *Cronus*, porque

1 Cassin, B. "Kronos ou Chronos", artigo para a *Enciclopedia Universalis*. https://tinyurl.com/pykw6waw. Acesso em: 12 nov. 2023.

sua duração preenche o tempo passado e o futuro". Aristóteles, portanto, pensava que o tempo era um nome de Deus. Se levarmos um pouco mais longe a interpretação que Aristóteles nos sugere, então diríamos que a mitologia grega nos lembra que o tempo está na origem do universo, ao sair do caos, e que ele nos devora desde o nascimento. Mas seja terrível ou pacífico, sem dúvida é ambos, o tempo é um dos nomes de Deus. Poderíamos talvez, de nossa parte, já que somos alunos de Lacan, nos perguntarmos se o tempo poderia ser um dos nomes do Pai.

Creio que não devemos ter pressa para responder a essa pergunta. Não devemos necessariamente confundir os nomes do Pai com os nomes de Deus. Quando Lacan afirma que há vários nomes do Pai, ele marca uma distância com aquilo que ele mesmo construíra como o Nome-do-Pai, cuja foraclusão está na origem da psicose. Dizer que existem vários nomes significa que existem várias soluções para contornar a foraclusão.

Dito isto, quando consideramos o tempo como um elemento que nos é exterior, que nos faz nascer e nos faz morrer, quando o personificamos como na mitologia grega, aí, sim, fazemos dele um nome de Deus como o faz explicitamente Aristóteles, e, portanto, um nome do Pai. Seria preciso, porém, tirar conclusões clínicas disso.

O que implica fazer do tempo um nome do Pai? Talvez seja a clínica do obsessivo que melhor explicaria isso. O obsessivo tem uma relação muito particular com o tempo, ou está sempre atrasado, temos que esperá-lo, temos que apressá-lo, ou, pelo contrário, luta contra essa tendência mantendo uma pontualidade desarmante. É certo que, de todo modo, chicaneia com o *Father Time*, como dizem os ingleses para evocar Chronos, ele faz hora [*joue la montre*], adia sempre o momento de agir. Lacan evoca muitas vezes a neurose obsessiva como a posição do escravo do mestre hegeliano. O escravo aguarda a morte do mestre, só então será sua vez de entrar em cena. Nesse ínterim, ele conta, é um *addict* do Chrono-mestre/ Cronô-metro [*Chrono-maître*]. Não pense que ele conta o tempo que lhe resta, pois a morte não é para ele, é para o Outro. Ele conta o tempo que resta ao mestre e, assim, conta com o tempo para abatê-lo.

Nem todos fazemos do tempo um nome do Pai. O que é igualmente comum é fazer do tempo um objeto que falta e sempre faltará. Isso situa o tempo na categoria da falta a ser. Plotino percebeu isso muito bem quando observou que "se corremos para o futuro, é porque nos falta ser".[2] E, para demonstrar isso, recorreu a seu famoso Um. Para o Um que é todo, não é preciso esperar algo do futuro, "pois dizer que uma coisa é para ele no futuro é dizer ela lhe faz falta, logo, que não é o Todo".[3]

Portanto, no total, pode-se fazer do tempo um objeto de meditação filosófica ou de estudo sociológico. O neurótico faz dele um nome do Pai, seu Chrono-mestre, ou uma falta a ser.

Mas talvez a psicanálise, que tem seu próprio tempo, possa nos ensinar outra forma de estar com o tempo. O que interessa ao psicanalista é sobretudo o momento. O momento da escansão da sessão, o momento da surpresa e da interpretação. Isso dá ao analisante a possibilidade de encontrar o momento em que ele realmente está ali, o momento em que ele reencontra seu ser, aquilo que o caracteriza, o momento que o separa depois de tê-lo alienado no tempo do Outro, esse momento que o identifica verdadeiramente; trata-se de um momento de rara intensidade. É como um pedaço de tempo arrancado do tempo que passa, essa talvez seja uma das apresentações possíveis do objeto *a* de Lacan, esse objeto fugidio que só existe no oco e cuja elisão é necessária para que o sujeito falante possa

2 Plotino. Énéadas III, 7 § 4, citado por Julien, F. (2016). *Du "temps". Elements d'une philosophie du vivre* (p. 229). Biblio Essais.

3 Ibid.

construir para si uma representação de seu ser no mundo, isto é, de seu espaço. E como os físicos já nos ensinaram, quem diz espaço, diz tempo. Observo, aliás, que Lacan vislumbrou uma relação muito precisa entre seu famoso objeto *a* e o tempo, trata-se da função da pressa. Ele então falou do *objet hâté* [objeto apressado] que pode ser escrito tanto como *athée* [ateu] quanto como *a-t*.[4]

Voltaremos a essa qualificação particular do objeto, pouco frequente em Lacan. Notemos apenas, desde já, que ela sinaliza a importância do momento, do instante, na psicanálise. Esse instante pode ser decisivo na revelação da verdade de um sujeito e na realização de seu desejo.

---

4 Lacan, J. (inédito). *Le séminaire, livre 20: Encore*, sessão de 16 de janeiro de 1973, na versão em áudio disponível no site de Patrick Valas. Esse trecho da gravação não foi transcrito na versão estabelecida por J. A. Miller para a edição do Seuil (e, consequentemente, não aparece na versão brasileira da Zahar). [N. T.]

6. Estar em sintonia[1] com seu desejo

Trata-se de um programa e tanto. A bem dizer, para aquele que está em sintonia [*est à l'heure*] em relação ao seu desejo, é algo que não necessariamente se percebe. A hora do desejo é marcada sobretudo pelo negativo, isto é, nas circunstâncias em que não se está ali, que chegamos cedo, não é o momento, ou que perdemos o bonde [*raté le coche*], é tarde demais. Sabemos desde Freud que o bonde perdido [*le coche raté*] indica a importância do desejo. Não sonhamos em perder um trem ou um avião para ir a qualquer lugar, mas sim para ir a um lugar importante.

Essa hora do desejo é, portanto, uma noção essencial para a psicanálise. Mas em nossos círculos é uma formulação pouco comum. Tomo-a emprestada de Marc Strauss, que fala dela nesses termos

---

1 Em francês, *être à l'heure*, que significa "estar no horário", "na hora", "ser pontual", "estar em sintonia com". Essa expressão é utilizada para indicar que alguém chega ou realiza uma atividade no tempo previsto. [N. T.]

em um seminário que dedicou à questão do tempo do sujeito.[2] Mas, que eu saiba, Lacan não a usou explicitamente. Ele falou da hora da verdade para caracterizar "a hora deste encontro do sujeito consigo mesmo, de seu encontro com seu querer".[3] E utilizou-a essencialmente em seu comentário ao *Hamlet* de Shakespeare, que transformou em um paradigma da posição do neurótico obsessivo ao dizer que "uma das funções do desejo, a função principal no obsessivo, é essa hora do encontro desejado, mantê-la à distância, esperá-la".[4]

Percebemos intuitivamente o que pode significar estar em sintonia [*être à l'heure*] com seu desejo. Mas não é tão fácil definir exatamente. Quando isso acontece, e não é algo necessariamente frequente, podemos dizer que o sujeito está no lugar certo e na hora certa [*à la bonne heure*]. Então, ele tem todas as chances de se realizar como desejo. E não é à toa que digo que ele tem todas as chances [*toutes les chances*], porque a sorte [*la chance*] existe e sabemos muito bem que há aqueles que têm sorte e aqueles que reclamam de nunca ter tido sorte. Obviamente são esses que nos vêm consultar, eles nunca têm sorte/chance, e quando os escutamos, vemos efetivamente que eles nunca estão ali na hora e no momento preciso [*où il faut et quand il faut*]. Estar ali na hora e no momento preciso deve ser entendido como uma necessidade que não depende do Outro que lhe pede isto ou aquilo, trata-se da condição necessária para a realização de seu desejo. E a realização do seu desejo supõe uma separação para com o Outro e, mais precisamente, para com o tempo do Outro. Lacan mostrou claramente que aquilo que atrasava o tempo da realização do desejo de Hamlet é que ele estava preso no tempo do Outro.

---

2 Strauss, M. (2014-2015). "Le temps du sujet", curso no Collège de Clinique Psychanalytique de Paris des Formations Cliniques du Champ Lacanien.

3 Lacan, J. (2013). *Le Séminaire, livre 6: Le désir et son interprétation*. La Martinière, capítulo XVI, sessão de 8 de abril de 1959, tradução nossa.

4 Ibid.

A procrastinação de Hamlet

Todo o interesse do drama de Shakespeare reside no fato de que se espera que Hamlet vingue seu pai covardemente assassinado por Cláudio, seu tio e padrasto. Mas Hamlet sempre adia o momento de seu ato. Ele procrastina.

No seminário que dedicou a um estudo minucioso dessa tragédia, Lacan observa que Hamlet adia a hora de seu ato porque está alienado na hora do Outro.

Quando, por exemplo, ele comoveu Cláudio o suficiente com a representação teatral do assassinato que cometeu para que ele se afaste para rezar, Hamlet o surpreende na curva de um corredor nessa posição, de joelhos. Seria o momento oportuno para matá-lo. "É chegada a hora!", dizemos a nós mesmos. Mas Hamlet diverge com o pretexto de que matar Cláudio nesse momento de arrependimento e oração o enviaria para o céu em vez do inferno. Ele, então, se ajusta ao tempo [*se règle à l'heure*] de seu tio. "Hamlet para [diz Lacan] ele não pensa um instante sequer que agora é sua hora. Aconteça o que acontecer a seguir, não é a hora do outro, e ele suspende seu gesto. Do mesmo modo, em tudo o que Hamlet faz, será nunca e sempre apenas na hora do outro que ele o fará."[5]

Pode-se assim colocar em série uma sequência de coordenadas temporais que escandem os atos de Hamlet regulados na hora do Outro. É na hora de seu tio que ele embarca a contragosto para a Inglaterra. É na hora de Rosencrantz e Guildenstern que ele sai de fininho e os envia para a morte em seu lugar. É finalmente na hora do suicídio de Ofélia e diante da dor de seu irmão Laerte que ele decide se mexer. É finalmente na hora do Outro que tramou o duelo final com Laerte, manipulando as espadas, que Hamlet finalmente

5 Ibid., capítulo XVII, sessão de 15 de abril de 1959.

passa ao ato. Eis chegada a sua hora, mas ela corresponderá à hora de sua própria morte.

Todo o drama de Hamlet poderia ser assim resumido: ele adiou tanto a hora de seu desejo que ela vai acabar coincidindo com a hora de sua verdade, isto é, de sua morte. Ele se regulou tanto pela hora [*l'heure*] do Outro que ela acaba entrando em sua própria hora.

Para Lacan, "Hamlet está sempre na hora do Outro. Claro, isso é apenas uma miragem".[6] Pois esse Outro que garantiria e contabilizaria a hora de cada um não existe. Sem ofensa ao sujeito obsessivo, que faz da morte a única hora da verdade válida para não dizer a hora de seu desejo, na medida em que ele visa à morte do Outro. Essa hora que ele acredita ser a do Outro, Hamlet não vê que é a dele. "Há apenas uma hora, é a hora de sua perda. E toda a tragédia de Hamlet é nos mostrar o caminho implacável de Hamlet rumo a essa hora."[7]

Para qualquer crente, essa hora fatal é assimilada à hora do Outro. Basta ter assistido a um funeral religioso para verificar que a morte do defunto é apresentada da seguinte forma: "Deus o chamou de volta para si". Como se a hora de cada um estivesse fixada em algum lugar por um relojoeiro supremo encarregado, segundo a feliz expressão de Lichtenberg, de ajustar nossos relógios solares. É uma forma de se livrar do fato de que esse Outro absoluto não existe. A hora do Outro, tão cara ao neurótico obsessivo, Lacan, seguindo Shakespeare, nos demonstra que ela existe apenas na fantasia. Ela vem na hora certa [*à point nommé*] para encobrir o fato de que o tempo é um objeto causa de desejo para o neurótico.

Em seu comentário sobre *Hamlet*, Lacan notava que muito pouco se fala sobre a relação do sujeito neurótico com o tempo.

---

6 Ibid., capítulo XVIII, sessão de 22 de abril de 1959.

7 Ibid.

Especificava ele: "É, porém, a própria base das relações do sujeito com seu objeto no nível da fantasia".[8]

Essa frase é, para mim, essencial, ela assimila a relação do sujeito com o tempo à sua relação com o objeto de sua fantasia. Podemos dizer que o neurótico imagina que o objeto causa de seu desejo está no Outro. Mas a hora da verdade à qual uma análise o convida lhe revelará que essa ideia do Outro preenchido com seu objeto é apenas uma miragem e que esse objeto, como causa do desejo, deve antes servir-lhe para se separar do Outro. Há apresentações do objeto *a* causa do desejo que se prestam mais do que outras a fazer funcionar essa separação. Essas são, em particular, o olhar e a voz. Penso que podemos acrescentar a eles legitimamente o tempo como objeto *a-t*.

Em última análise, a procrastinação de Hamlet, como a do neurótico obsessivo, marca sua adesão à fantasia da hora do Outro, sua resistência em atravessar essa tela e em usar o tempo como objeto de separação para com o Outro para se realizar na hora de seu desejo.

O kairós *grego*

Há um termo em grego antigo que define muito bem essa hora do desejo, é o famoso *kairós*. Esse é o momento certo, a boa hora, a ocasião, a oportunidade. É também o defeito na couraça, o ponto exato que atinge o alvo, a corda que fixa a corrente do tecido no tear.

Na Antiguidade grega, *Kairós* era considerado um deus. E ele era representado como um jovem alado que portava um tufo de cabelo na frente da cabeça e que era careca na parte de trás, já que esse momento passa muito rápido e é preciso agarrá-lo pelos cabelos.

8 Ibid., capítulo XVII, sessão de 15 de abril de 1959.

O *kairós* se distinguia em três registros: o da medicina, é o momento crítico, isto é, o instante em que uma doença evolui para a cura ou para a morte. Mas usamos *kairós* também para designar o instante apropriado de uma intervenção militar, esse é um momento tático. Por fim, no campo artístico, *kairós* designa o momento em que uma obra atinge a perfeição pela adjunção de um quase nada, um detalhe.

Mas é na arte da retórica que o *kairós* foi mais utilizado, principalmente entre os sofistas. Trata-se da escolha de uma argumentação no momento certo, isto é, a adequação [*à-propos*]. É o oposto do espírito da escada.

O espírito da escada é uma expressão que devemos a Diderot, que se queixava de falta de adequação e de só encontrar a argumentação a dar a um interlocutor ao sair da casa deste, ao descer a escada. O espírito da escada é o reverso do *kairós*.

Os psicanalistas ouvem isso com muita frequência, mas para eles é um bom sinal. Paramos o analisante em uma palavra que nos parece importante, ele fica estupefato, até mesmo pasmo, e nos confidencia na sessão seguinte que, ao sair, na escada, lhe adviera esta ou aquela associação importante. Assim, poderíamos dizer que aquilo que surge nos vãos da escada responde ao *kairós* da pontuação do final da sessão.

Esse espírito da escada merece que nos demoremos um pouco nele, pois aquilo que impede a adequação [*à-propos*] é a presença do interlocutor e certamente seu olhar. Basta não estar mais no olhar para que o pensamento se liberte. É como se o instante de ver parasitasse o tempo para compreender. É o efeito do imaginário. Muitas vezes, as pessoas que têm dificuldade com lógica ou matemática ficam incomodadas com aquilo que imaginam. Elas formam uma ideia e não desistem dela. Como resultado, perdem as articulações simbólicas.

Se você faz parte dessas pessoas que se apegam àquilo que imaginam, poderá comprovar isso com o que se segue, pois não posso evitar seu confronto com essa história mirabolante que Lacan usou em 1945, isto é, no final da guerra, para ilustrar seu famoso tempo lógico.

É um enigma lógico clássico, o enigma dos três prisioneiros, mas Lacan o denunciou como sofisma ao trazer a questão do tempo e, em particular, da pressa, numa lógica que, *a priori*, pouco se importa com isso.

7. O enigma dos três prisioneiros

A história é a seguinte: um diretor de prisão oferece a três prisioneiros escolhidos por ele a possibilidade de recuperarem a liberdade se responderem a um enigma lógico em que cada um deve adivinhar a cor do disco que carrega nas costas sem vê-lo. Há um dado básico, que é a afirmação do diretor de que possui cinco círculos: dois pretos e três brancos. Esse dado básico engendra um axioma: é que se um prisioneiro vê dois círculos pretos, então ele sabe que o dele é branco.

Parte do problema reside nesse axioma; é o que Lacan chama de instante de ver. Em uma única olhada, se vemos dois pretos, sabemos que somos brancos. Mas é justamente isso que nenhum dos prisioneiros jamais verá, pois o diretor maliciosamente colocou um círculo branco em cada um deles.

A solução ideal do problema é enunciada da seguinte forma: chamamos os três prisioneiros de A, B e C. E raciocinamos no lugar de A.

A, ao ver dois círculos brancos, diz para si mesmo: "Suponhamos que eu seja preto. B, que eu vejo branco e que vê C branco, também pode dizer a si mesmo: 'suponhamos que eu seja preto, C deveria então ver A e a mim preto e, portanto, sair com a certeza de ser branco, pois quando vemos dois pretos temos certeza de que somos branco'. Ora, B não vê C se mexer, então B entende que sua hipótese de ser preto é falsa. Mas, na verdade, cada um dos prisioneiros, na solução ideal, pode ficar na posição de A, isto é, cada um pode levantar a hipótese de que é preto, imaginar o raciocínio de um segundo e verificar que o terceiro não se mexe sozinho. Logo, teoricamente, os três prisioneiros devem compreender que carregam um disco branco e se dirigir juntos à saída onde o Diretor os espera para ouvir o seu raciocínio. Mas, à medida que avançam juntos, têm que se apressar, pois apenas o primeiro a encontrar sua cor por meio de um raciocínio correto será libertado.

Lacan se opõe a essa solução, que ele qualifica como sofisma, desenvolvendo o seguinte raciocínio: se depois de seu raciocínio A começa a avançar em direção à saída, ele vê logicamente os outros dois fazendo o mesmo, uma vez que o que vale para A vale também para B e para C. Portanto, ao ver B e C se moverem também, A para, pois esse movimento de B e C põe em questão seu raciocínio, ele começa a duvidar novamente: será que ele é preto? Observe que A é quem levanta a hipótese e se imagina no lugar de B que pensa. Há dois que levantam hipóteses e um terceiro que olha e que eles observam. É isso que Lacan resume em seu seminário *Mais, ainda*, ao dizer que eles não são exatamente três, mas 2 + *a*. O terceiro é reduzido a um olhar e é objeto das suputações dos outros dois.

Mas voltemos à abordagem lógica. A para porque vê B e C se moverem. Raciocinamos a partir de A, mas, mais uma vez, deve-se entender claramente que cada um dos prisioneiros raciocina a partir da posição A. Se A para, B e C também param, pois raciocinam teoricamente da mesma forma. Ao ver B e C pararem como ele, A reflete novamente e diz para si mesmo que, se ele fosse preto, B e C deveriam ter continuado ou que, se tivessem começado a duvidar por um momento, ao ver A preto deveriam ter ido embora antes dele. Os três raciocinando da mesma forma a partir de A, ei-los novamente juntos rumo à saída.

Encontramos o problema anterior, os três vão parar de novo e o problema parece se repetir indefinidamente. É aqui que o raciocínio de Lacan é mais apurado.

> *Desta vez, A só pode tirar da parada comum uma conclusão inequívoca. Trata-se de que, se fosse preto, B e C não* deveriam ter parado, em absoluto. *Pois, no ponto presente, é impossível que eles possam hesitar uma segunda vez em concluir que são brancos: uma única hesitação, de fato, é suficiente para eles demonstrarem um ao outro que, certamente, nem um nem outro são pretos. Assim, se B e C pararam, A só pode ser branco. Ou seja, os três sujeitos, desta vez, são confirmados numa certeza que não permite que renasça nem a objeção nem a dúvida.*[1]

Os três prisioneiros terão, portanto, parado duas vezes, mas não pararão uma terceira vez, e cada um se apressará para a saída.

O interesse desse problema lógico reside no fato de que Lacan nos mostra, sem nos dizer explicitamente, que a identificação do sujeito é um processo lógico, uma vez que se trata de uma identificação significante. Nesse processo lógico, os sujeitos devem levar em conta uns aos outros, essa é a dimensão coletiva da identificação. Identificar-se é encontrar seu lugar num coletivo.

---

1 Lacan, J. (1998). O tempo lógico e a asserção de certeza antecipada. In *Escritos* (p. 201). Zahar.

Mas esse sofisma lacaniano vai muito além, já que ele nos mostra que nesse processo de pura lógica há uma dimensão do tempo que é realmente característica de cada sujeito e que esse tempo não é simplesmente o tempo que passa, o tempo que cada um leva para decidir dizer o que é, mas que esse tempo é descontínuo; ele é feito de pausas que Lacan designa como *escansões suspensivas*. O que determina o sujeito, portanto, não é simplesmente a lógica do significante que colaram em suas costas e todas as combinações que ele deve fazer para encontrar seu lugar em relação aos outros. O que também o determina é o manejo do tempo que lhe é próprio e que significa que faz com que seja preciso a ele primeiro contar com *o instante de ver* que ele nunca verá dois pretos que poderiam lhe dar a certeza de que ele é branco, depois o *tempo para compreender* por que os outros dois param pela primeira vez, depois novamente o instante de ver que os outros dois saem ao mesmo tempo que ele e param de novo e, por fim, o *momento de concluir* e de se precipitar na pressa sem correr o risco de cair na dúvida que a contemplação do movimento dos outros dois ainda poderia engendrar.

Ao retomar esse apólogo em 1955,[2] Lacan insiste no fato de que há uma distinção a ser feita entre a linguagem e suas leis lógicas, aqui fixadas pelo diretor do presídio que distribui os discos após anunciar que dispunha de dois pretos e três brancos, isto é, uma oposição significativa aliada a uma assimetria, e depois o discurso, o fato de que é preciso que cada um consiga se definir graças ao discurso para dizer aquilo que ele acredita ser. Devemos, portanto, distinguir a linguagem, que tem todo o tempo, que já estava ali antes de você, e a fala, que não tem todo o tempo, mas que é marcada por uma relação particular do *falasser* [*parlêtre*] com o tempo e que é a pressa.

---

2 Lacan, J. (1985). *O seminário, livro 2: o eu na teoria de Freud e na técnica da psicanálise* (p. 359). Zahar.

É aí que encontramos o famoso objeto *a-t*, e aproveito para sublinhar que ele funciona como objeto de separação. Com efeito, se o instante de ver e o tempo para compreender são tempos alienados ao outro, o tempo para concluir na pressa não é alienável nem ao tempo do outro, o semelhante, nem ao tempo do Outro. Na lógica lacaniana, é esse objeto *a-t* que nos permite sair do sofisma.

É muito impressionante constatar que, na época em que Lacan produz esse complicado texto, ele quase não evoca a psicanálise. Ele usa seu apólogo para criticar o sujeito psicológico, mas não fala propriamente da psicanálise. No entanto, quando pensamos nisso, podemos dizer que essa pequena fábula lógica descreve muito bem o curso de uma psicanálise.

Um tratamento analítico serve para se libertar do peso das identificações que se herdou do Outro e uma psicanálise faz emergir o sujeito em sua relação com o tempo. O sujeito se identifica por suas pausas, seus atrasos, seus avanços e sua pressa. É por isso que é preciso tempo para poder saber e dizer quem se é.

Agora você poderia me objetar que em uma análise há apenas dois personagens: o analisante e seu analista, e não três prisioneiros e um diretor de prisão. Mas não se engane. Se você fez uma análise ou está em análise atualmente, deve ter notado que quando o analista aparece em seus sonhos, ele nunca está sozinho com você. Curiosamente, você se encontra com outras pessoas em seu consultório ou seu analista se encontra ao seu lado em sua família.

Em uma análise, há quatro lugares, que são os quatro lugares do discurso: o sujeito analisante, isto é, aquele que está trabalhando e produzindo significantes para os quais ele busca um sentido do lado do analista, o qual ele faz seu parceiro. Mas o analista não tem que responder desse lugar do parceiro que dá sentido; ele se abstém desse nível, se apaga e, em última análise, intervém como *a*, o objeto nunca visto, o círculo preto que não existe, mas cuja existência possível deve ser colocada para poder responder ao enigma do "quem sou eu?".

Portanto, em uma análise, não somos dois, mas pelo menos 2 + *a*. Como no apólogo, os prisioneiros, no momento de suas suputações, não são três, mas 2 + *a*. E no nível desse 2, embora estejam em perfeita igualdade de posição, devemos distinguir um primeiro, vamos chamá-lo de S_1, e um segundo, S_2. Quando A se pergunta sobre B, deduz sua posição S_1 daquilo que B lhe retorna como S_2. Portanto, temos S_1, S_2 e *a*. Esse *a* é o terceiro para os outros dois, ele tem um estatuto à parte no raciocínio de A e B. No nível do raciocínio lógico, os três lugares A, B e C não são homogêneos.

A é a posição daquele que deve assumir-se preto. B é o lugar que reservamos para aquele a quem supomos o mesmo raciocínio, aquele que também diz para si mesmo: "se eu fosse preto...", mas C indexa o lugar daquele que não supomos levantar a hipótese, mas ser apenas aquele que olha e reage. Ele deve sair primeiro se viu dois pretos. O lugar de C, pequeno *a*, não é o lugar de quem suputa, mas o lugar de quem reage àquilo que vê. Portanto, não é um lugar verdadeiramente subjetivo. Trata-se de um lugar de objeto que reage à lógica da experiência.

Numa análise, é óbvio que o analisante supõe que o analista pensa isso ou aquilo dele. Nesse sentido, o analisante é como A que supõe o raciocínio de B. Mas se o analista reage como um parceiro que pensa e calcula como B, então não estamos no discurso analítico, estamos em uma relação intersubjetiva. É porque o analista apenas faz semblante de ser um parceiro, mas na verdade ocupa a função de objeto, que ele se abstém de pensar e só reage como C, isto é, logicamente; ele pode então remeter o analisante de volta à sua divisão, isto é, ao seu trabalho.

Resta saber por que esse objeto *a* é chamado por Lacan "*a-t*", com a possível ambiguidade da pressa e do ateísmo?

"A interpretação precisa ser presta para prestar o entrepréstimo [*entreprêt*]",[3] diz Lacan em seu texto "Televisão". *Entre-prêt* é uma palavra antiga usada para caracterizar a interpretação que se situa entre duas línguas. Ou seja, a interpretação visa ao espaço entre S_1 e S_2. É preciso que a interpretação suspenda a resposta comum S_2 que vem naturalmente depois de S_1, é nesse sentido que Lacan evoca a pressa. A interpretação deve ser presta, como o chiste, para deixar hiante [*béant*], por um instante, o espaço que existe entre um primeiro significante e a significação fornecida pelo segundo significante. Toda a psicanálise está aí, nesse tempo suspenso entre os significantes que permite ao sujeito, na pressa, se libertar, distanciar-se com relação aos significantes do Outro e, assim, se separar da significação que o aliena ao Outro, donde podemos compreender a referência implícita ao ateísmo. Com efeito, distanciar-se com relação ao tempo da significação, por mais primordial que seja, do Outro que o gerou e o jogou no tempo, não é fácil. Isso pressupõe uma certa dose de ateísmo. É grande a tentação de se agarrar à ideia de um Deus que teria a chave do tempo. É um pouco o que fazia Santo Agostinho quando se aventurava a refletir sobre o tempo.

---

3 Lacan, J. (1973/2003). Televisão. In J. Lacan, *Outros escritos* (p. 543). Zahar.

8. De volta a Santo Agostinho

É hora de voltar à fórmula agostiniana criticando os três tempos habituais que nossa gramática usa para tentar captar o tempo que passa. Lembre-se de que Agostinho escreveu: "Não se diz propriamente: os tempos são três, passado, presente e futuro, mas talvez se devesse dizer propriamente: os tempos são três, o presente do passado, o presente do presente e o presente do futuro. Esses três, de fato, estão na alma, de alguma maneira, e não os vejo em outro lugar: a memória presente do passado, a visão presente do presente, a expectativa presente do futuro".[1]

Paul Ricœur, que me levou a reler essa passagem das *Confissões* de Santo Agostinho, comenta-a assim: "Esse triplo presente é o princípio organizador da temporalidade; nele se declara a deiscência íntima que Agostinho chama de *distensio animi*, que faz

1 Santo Agostinho. (2017). *Confissões* (L. Mammi, Trad., p. 253). Companhia das Letras; Penguin, arquivo digital.

do tempo humano a réplica deficiente da eternidade divina, esse eterno presente".[2]

Ou seja, se o Uno divino é eterno, o tempo humano, por sua vez, é tríplice, o que coloca o espírito do homem em estado de extrema tensão, a distensão, diz Agostinho, ao passo que diríamos, nós, psicanalistas, que esse real do tempo cria uma divisão no ser falante.

Você bem pode imaginar que essa referência agostiniana que nos apresenta o tempo como um ternário me impeliu a remetê-lo à nossa estrutura habitual feita de real, simbólico e imaginário.

Há de convir comigo que o passado, na medida em que está inscrito nas representações que se organizam na história, pode ser colocado na categoria do simbólico. O futuro, na medida que só tem existência por ser imaginado deve, naturalmente, ser assimilado ao imaginário. Resta-nos admitir que o presente é assimilável ao real. É admissível, é por isso que ele foge em permanência, ele só existe deixando de ser, como diria Agostinho. Também entendemos por que o presente pode assustar; o neurótico foge dele para se refugiar no passado, assim como o histérico que sofre de reminiscências, como dizia Freud, ou como o obsessivo que passa o tempo antecipando o futuro, protegendo-se de qualquer surpresa. Obviamente, é ilusório querer categorizar esses comportamentos neuróticos em relação ao tempo em um sistema binário. Apraz ao espírito pensar que conseguimos organizar o mundo em dois compartimentos distintos, mas isso não leva em conta nada de sério do lado do real da clínica.

Pode-se dizer que o sujeito histérico também se evade para o futuro, sempre imaginando como amanhã poderá ser preenchido, o que só alimenta sua falta de ser hoje. Quanto ao obsessivo, sabemos

2 Ricœur, P. (2007). *A memória, a história, o esquecimento* (A. François et al., Trads., pp. 360-361). Editora Unicamp.

pela análise freudiana do Homem dos ratos que ele está sempre tentado a voltar no tempo, a voltar atrás, daí os seus rituais, as suas verificações, as ruminações nas quais ele se perde imaginando que o passado poderia não ter ocorrido.

Você admitirá, portanto, ao menos na falta de melhores opções, que o presente é assimilável ao real. Isso pode ser ouvido muito bem se pensamos sobre a realidade. Estar na realidade significa algo, e isso é o melhor que podemos desejar para o ser falante. Estar na realidade é poder abordar o presente do real, com o presente do passado simbólico, isto é, nossas representações, nossas lembranças, e o presente do futuro imaginário, ou seja, nossas expectativas, nossos desejos.

Categorizar dessa maneira o presente real, o passado simbólico e o futuro imaginário permite-me propor esta construção, ainda não posso dizer borromeana, mas certamente trinitária, do tempo subjetivo. Por ora, considere esses três círculos como círculos de Euler, que representam as três categorias de presente, passado e futuro.

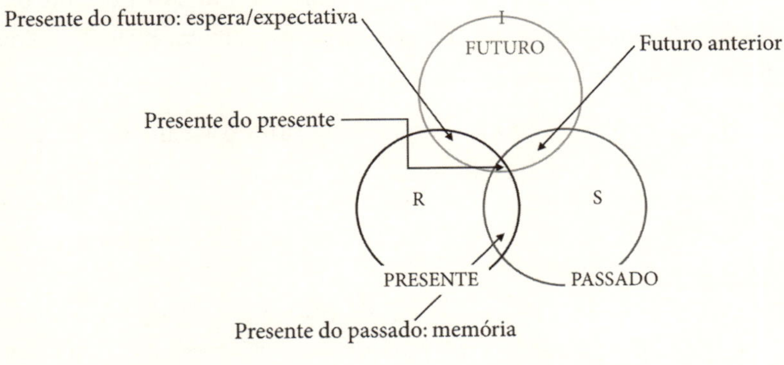

Figura 8.1 *Diagrama 1 – Esquema "agostinho-lacaniano".*

Na interseção do presente e do passado, pode-se inscrever o presente do passado, isto é, a memória, as lembranças.

Na interseção do presente e do futuro, Agostinho nos aconselha a inscrever a expectativa, e ali é possível colocar tanto o desejo, quando esperamos coisas boas, quanto a angústia, quando imaginamos o pior.

Resta ver o que poderíamos inscrever na interseção entre o passado e o futuro. *A priori*, não o vemos, afora o presente, no sentido de que é o presente que une o passado ao futuro. É o sentido da construção agostiniana: o presente do presente, o presente do passado e o presente do futuro. Passado e futuro, portanto, articulam-se em parte graças ao presente, o que é um primeiro indício do caráter indubitavelmente borromeano da construção que proponho.

Mas ao olhar a coisa mais de perto, eu disse a mim mesmo que há sim uma articulação existente entre o passado e o futuro, é a hipótese totalmente defensável do *futuro anterior* [*futur antérieur*],[3] que nos faz dizer "terá sido".

É formidável, pensando bem, tudo o que o discurso nos permite fazer como contorções com o tempo. Pode-se agir como se estivéssemos presentemente no passado e considerar que esse presente no qual realmente nunca deixamos de estar é então equivalente a um futuro para esse passado.

Então, voltando ao meu esquema agostinho-lacaniano, você vê que no centro temos três divisões: o presente do passado, o presente

---

3 Em francês, o *futur antérieur* expressa uma ação futura concluída antes de outra ação no futuro, conforme o autor coloca. Para fins de tradução, vamos aqui utilizar ora a designação *futuro do presente composto*, ora *futuro perfeito*. Usa-se o futuro do presente composto quando se pretende fazer referência a ações futuras que tenham sido finalizadas antes de outra ação ter começado. Na frase "Ele terá sido o primeiro a terminar a prova", por exemplo, pretende-se dizer que ele terminou antes, e só depois outros o fizeram. Cf. *Ciberdúvidas da Língua Portuguesa* (https://tinyurl.com/5y2r6p5p). Acesso em: 21 nov. 2023. [N. T.]

do futuro e o futuro anterior que estão enodados ao presente do presente.

Esse presente do presente, *praesens* de *praesentibus*, é realmente o cerne do problema que o tempo coloca para o ser falante.

Não se deve perder de vista que aquilo que dá consistência a esses três círculos é apenas a fala. É porque falamos que o tempo existe nessas três formas de presente, passado e futuro. E o que enoda esses três círculos é o dizer, é, portanto, o presente daquele que fala.

É importante que esses três registros estejam articulados, senão há desordem. Quando, por exemplo, tomamos uma lembrança por uma percepção presente: é a sensação de *déjà vu*, isso corresponde a uma patologia neurológica ou psiquiátrica. Quando tomamos uma expectativa por uma percepção presente, dizemos que tomamos nossos desejos por realidades; isso pode assumir a forma de alucinação.

Se você pensar bem, sua forma de estar no momento presente depende daquilo que você foi e daquilo que espera ser mais tarde. Observe também que, de antemão, num tempo que se assemelha à estrutura desse famoso futuro anterior, em algo que não é o seu passado, mas o do Outro, um porvir foi preparado para você. Todos nós carregamos mais ou menos sua marca, não somos obrigados a aderir a ele completamente, mas secretamente todos nós acreditamos nele mais ou menos, caso contrário, não entenderíamos por que existem colunas de horóscopo na maioria de nossos jornais.

Estava cá em minhas cogitações sobre esse esquema que se ia elaborando aos poucos em minha mente, tendo em seu centro nevrálgico esse presente do presente, quando o acaso me fez topar com a prateleira dos mais vendidos numa livraria de aeroporto que visitava para passar meu tempo de espera, um livrinho com um título sugestivo: *O poder do momento agora*. É obra de um certo Eckhart

Tolle,[4] promotor de um método de meditação inspirado na técnica zen para aprender a relaxar. Fui ver do que se tratava, e o que esse autor diz não é alheio à teoria agostiniana.

Ele também percebe que passado e futuro são apenas criações mentais, ilusões, e que o tempo precioso é o tempo presente. "Quanto mais nos concentramos no tempo, no passado e no futuro, mais perdemos o Agora, a coisa mais importante que existe. Por que o Agora é a coisa mais importante que existe? Primeiramente, porque é a *única* coisa. É tudo o que existe. A vida é agora. Nunca houve uma época em que a nossa vida não fosse agora, nem haverá."[5] Em suma, ele recita coisas que podem ser lidas em Santo Agostinho: o passado é a lembrança de um presente, o futuro é um presente imaginado. Ele faz a apologia do presente e aconselha todos aqueles que sofrem com seu passado ou sua ansiosa antecipação a aprender a viver no momento presente.

É, creio eu, refletindo bem, uma proposta de tratamento por meio do real. Aproximar-se aos poucos, por episódios, do presente puro denodado do presente do passado e do presente do futuro, para saborear um pouco da suposta plenitude de Deus, aquele que existe eternamente. A esse respeito, podemos notar a precisão da formulação do deus dos judeus, a quem fazem dizer: "Sou aquele que é". Entenda-se: sem passado e sem futuro. Não se pode teoricamente dizer que Deus existiu, nem que existirá. Note bem que isso não impede que os simplórios digam que Deus está morto nem os crédulos de acreditar que ele voltará à terra.

Mas, enfim, a fórmula "sou aquele que é", no presente, coloca bem as coisas. Deus se definiria como aquele que não está sujeito ao tempo. Sem dúvida, é isso que Mestre Eckhart (de quem nosso

4 Tolle, E. (2010). *O poder do agora* (I. S. G. de Lima, Trad.). Sextante, arquivo digital.
5 Ibid.

autor tomou emprestado o sobrenome) quis dizer quando escreveu que "o tempo é aquilo que impede que a luz nos alcance e que não existe maior obstáculo para encontrar Deus do que o tempo".[6]

No decorrer de minha leitura, provavelmente na sala de embarque, deparei-me com uma passagem em que Tolle escreve assim: "Nada jamais aconteceu no passado, aconteceu agora".[7] A fórmula é bonita, mas não tenho certeza se podemos dizer de forma tão radical que nada acontece no passado, porque a noção de *a posteriori* [*après-coup*] sublinhada por Freud mostra justamente que existem efeitos de discurso que são efeitos de significações que podem modificar representações do passado, reorganizar lembranças e até mesmo criar traumas *a posteriori*.

O exemplo mais marcante que Freud nos deu é o de sua paciente Emma, cujo caso ele relata no final de seu *Esboço*.[8]

A fobia de Emma

Trata-se de uma jovem, Emma, que é assombrada pela ideia de que não deve entrar sozinha em uma loja. Ela atribui isso a uma lembrança que remonta aos seus 13 anos, é o que, segundo Freud, devemos chamar de *cena 1*. Ela entra em uma loja e vê dois vendedores rindo; ela pensa que eles estão zombando dela e mais precisamente de seus trajes. Ela sai correndo, mas percebe *a posteriori* que um dos vendedores exerceu uma atração sexual sobre ela. Esse evento por si só não explica sua reticência em entrar em uma loja sozinha.

---

6 Eckhart, M. (2009). *Les sermons* (p. 147). Albin Michel.

7 Ibid.

8 Freud, S. (s.d). Publicações pré-psicanalíticas e esboços inéditos. In S. Freud, *Edição standard brasileira das obras completas de Sigmund Freud* (Vol. 1). Imago, arquivo digital.

Mas a análise então traz à luz outra lembrança que não estava de forma alguma presente em sua mente no momento da cena 1. Essa outra lembrança é o que Freud chama de *cena II*, que ocorreu, de fato, antes da cena 1.

Aos 8 anos, ela entrara duas vezes numa mercearia para comprar doces e o dono da mercearia tocara seus órgãos genitais através do tecido de seu vestido. E ela se lembra especialmente do sorriso carrancudo do dono da mercearia. Na época, a cena II não foi traumática, pois aconteceu em um momento em que ela não podia assumir nenhum sentido sexual. Por outro lado, quando essa cena recebe o eco de outra cena que ocorreu após a puberdade e cujo significado sexual não pode mais ser ignorado, essa cena então pode se tornar *a posteriori* traumática. Reproduzo aqui o esquema que Freud se deu ao trabalho de construir. Ele é interessante na medida em que mostra de que maneira um nó de significantes conecta duas cenas separadas no tempo.

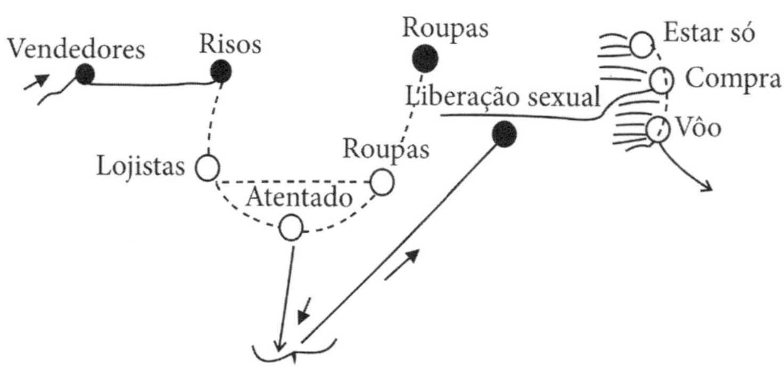

Figura 8.2 *Diagrama Caso Emma (Freud).*
Fonte: Freud, S. (s.d.).

A angústia experienciada na cena 1 deve-se sobretudo ao fato de a paciente perceber a atração sexual por um dos vendedores. E, no entanto, não havia nada de muito culposo nisso, mas, em contrapartida, se os significantes *riso* e *vestido* despertaram a lembrança da cena II, então esse episódio que não tinha sentido aos 8 anos de idade começa a ganhar sentido *a posteriori*, e do que a jovem foge é da ideia de que o toque do merceeiro lascivo poderia tê-la excitado sexualmente.

Sempre me impressionou nesse texto o fato de que Freud tenha escolhido nomear a *cena 1* como uma cena posterior à cena infantil que ele designa como *cena II*. Visivelmente, Freud toma a decisão de priorizar o tempo da narrativa e não o tempo da história. E vemos que o que desencadeia o sintoma é que o presente da cena 1 é infiltrado pelo passado da cena II. Se admitirmos, com Freud, que é a significação que é traumática, então devemos convir que ela é o resultado de um nó de significantes que Freud esboçou muito bem em seu texto. Esse nó associa alegremente elementos do passado que ele torna presentes e elementos do presente que ele liga ao passado. Esse nó, que joga com o desenrolar do tempo na história, produz o sintoma fóbico da jovem.

Aqui encontramos um fato que a prática analítica registra com bastante frequência: o momento da eclosão de um sintoma neurótico corresponde muitas vezes a um desses nós temporais que o inconsciente fabrica ao desafiar o tempo da história.

No entanto, deve-se ver bem que toda essa construção freudiana se apoia na concepção de um tempo de latência que normalmente deve separar a sexualidade da infância daquela do adulto. O afeto ligado à cena II permaneceu, portanto, sem significação, não conseguiu se inscrever em um nó de sentido naquela época. Será preciso, assim, que ele se associe mais tarde, no momento da puberdade, aproveitando a oportunidade de um nó de significantes, à cena 1 do presente à qual ele dará um peso que desencadeará a angústia e a fuga da adolescente. Esse tempo de latência proposto por Freud introduz uma realidade fisiológica do tempo, um tempo de desenvolvimento, sem o qual as fantasias do tempo do inconsciente não teriam a possibilidade de *histoerizar* [*hystoriser*][9] a vida do neurótico.

Acredito que quando falamos de tempo, para não dizer muitas bobagens, não podemos esquecer que estamos no registro da fala e dos efeitos da linguagem. No entanto, o tempo também é um real e, como tal, escapa às redes de nossos discursos.

É esse real do tempo, esse presente do presente, que todas as nossas construções procuram delimitar. E, ao que parece, é a abordagem desse real do tempo que está operante em todas essas técnicas de meditação zen que estão na moda hoje.

Os psicanalistas fariam bem em perceber que eles também têm um manejo desse real do tempo, desse presente do presente. Freud já dava a entender isso quando falava da transferência, mas Lacan realmente pôs isso em evidência e afirmou com muita clareza: "A transferência é uma relação essencialmente ligada ao tempo e a seu manejo".[10]

A esse respeito, fiz a mim mesmo várias observações.

Não é porque o analisante supõe um saber ao analista que este está um passo à frente do analisante. Se o analista imagina que está um passo à frente de seu analisante, então ele está no preconceito. E Lacan chamava de *contratransferência* a soma dos preconceitos do analista, especificando que a contratransferência visa opor-se à transferência.

---

9 *Histoeria* [no original *hystoire*]: neologismo de Lacan que condensa os termos *histeria* [*hystérie*], escrito em francês com "y", e *história* [*histoire*]. Cf. Prefácio à edição inglesa do Seminário 11. In J. Lacan, *Outros escritos*, Zahar, 2003, p. 567. [N.T.]

10 Lacan, J. (1998). Posição do inconsciente. In J. Lacan, *Escritos* (p. 858). Zahar.

A segunda observação é que o princípio do tratamento analítico repousa na presença do analista que marca encontros regulares com seu analisante. E, a cada sessão, o analisante é convidado a dizer o presente de seus pensamentos. É o aqui e agora que deve fixar sua atenção. É com seu presente que o analisante tem um encontro. Ele deve se colocar à escuta de seu presente, na presença de seu analista, e isso não é tão fácil. O analisante reluta em fazê-lo ali, prefere repisar seu passado, contar aquilo que aconteceu durante a semana, o que pensou ao ir para lá e às vezes se evade e pensa naquilo que vai fazer quando sair: pegar o filho na escola, fazer as compras, encontrar a namorada ou namorado, a menos que ele antecipe a angústia que se apoderará dele se se aventurar ali aonde seu desejo pode impeli-lo.

A terceira observação é que a interpretação, e também o ato do analista, deve vir no momento certo para surtir efeito. Aqui encontramos o *kairós* grego. A eficácia desse instante preciso necessita que a presença do analista esteja associada ao presente do analisante; o analista se alinha à sua batida, ao seu *tempo* [andamento]. O momento certo não é o analista quem decide, é o analisante que sopra a ele. Essa é outra forma de dizer aquilo que Lacan nos sugeriu mais de uma vez, a saber: que o analista faz a função de objeto *a* para o analisante. Na escrita que proponho, ao situar o presente do presente no cerne da cadeia borromeana, ali onde Lacan situa o objeto *a*, preciso a função lógica do tempo, como objeto real, inapreensível em qualquer um dos registros da estrutura, mas essencial para seu enodamento. Isso nos permite apreender como funciona a *presença* do analista quando ele aceita ocupar o lugar que o analisante lhe atribui na transferência.

9. O tempo da transferência

"A presença do passado, pois, tal é a realidade da transferência."[1] Essa afirmação de Lacan justifica que nos debrucemos sobre a questão do tempo nesse fenômeno que constitui o motor do tratamento analítico, mas que também pode fazer obstáculo a ele. Freud denominou-o *Übertragung*, que equivale a uma retransmissão, mas que se traduz por "transferência".

A princípio Freud o emprega no plural. O que ele chama de "transferências" são as aparições extemporâneas de afetos inapropriados, incompreensíveis, que tomam como alvo objetos do presente e que só podem ser interpretados como reedições, retransmissões de afetos passados que estavam ligados a representações recalcadas, isto é, a objetos do passado. Essas transferências, portanto, criam uma ponte entre o passado e o presente. Não há dúvida, para Freud, de que essas transferências são produzidas pela neurose. E ele percebe, além disso, que no decorrer do tratamento os sintomas desaparecem à medida que a transferência se instala.

---

1 Lacan, J. (1992). *O seminário, livro 8: a transferência (1960-1961)* (p. 175). Zahar.

É o que ele escreve ao final do caso Dora: "Durante uma terapia psicanalítica, a formação de novos sintomas é – invariavelmente, pode-se dizer – suspensa. Mas a produtividade da neurose não se extingue absolutamente, ocupa-se da criação de um tipo especial de formações mentais, em geral inconscientes, que podemos chamar de *transferências*".[2]

Posteriormente, Freud falará da transferência, no singular, para caracterizar a relação do paciente com seu psicanalista. Nessa relação, o paciente reproduz junto ao psicanalista a relação neurótica que mantinha com o Outro de seu passado. A questão toda é saber se a transferência é apenas uma retransmissão fiel, uma cópia, ou se ela pode ser ocasião de uma edição revista e corrigida. Se Freud pôde falar da "dinâmica da transferência", é claro que ele apostava que a relação transferencial era algo diferente de uma pura repetição do passado. É aí que a presença do analista é decisiva para dirigir o trabalho analisante e fazer com que a transferência seja uma colocação em ato, uma criação e não uma simples reedição da neurose infantil.

Todos esses desenvolvimentos escritos por Freud sobre a transferência são bem conhecidos e já foram amplamente comentados. Não serviria de nada dar uma enésima versão disso. Mas muitas vezes acontece com a obra de Freud que, quando a lemos com a ideia de um fio comum que se persegue, isso faça surgir certos pontos que, de outra forma, teriam passado despercebidos.

Ademais, ao reler esses artigos de Freud sobre a transferência com vistas à temporalidade na experiência psicanalítica que orienta o trabalho que exponho neste livro, apareceu-me uma leitura possível desse paradoxo tantas vezes mencionado pelo inventor da

---

2 Freud, S. (2016). Análise fragmentária de uma histeria ("O caso Dora", 1905 [1901]). In S. Freud, *Obras completas de Sigmund Freud* (Vol. 6, p. 312). Companhia das Letras.

psicanálise, a saber: que a transferência é ao mesmo tempo uma força motriz e um obstáculo ao trabalho analítico.

Com efeito, percebemos que Freud teve muito rapidamente a ideia de que aquilo que faz obstáculo à continuidade da associação livre é o analisante levar em conta a presença do analista.

Sabemos que ele usou inicialmente um artifício herdado de sua prática da hipnose, operando uma espécie de imposição de mãos que supostamente traria à mente do paciente uma imagem, uma ideia que reiniciaria o trabalho associativo. Era uma forma metafórica de comunicar ao paciente seu desejo premente de saber um pouco mais. Mas notamos que, uma vez abandonado esse subterfúgio, ele usou outro não menos sugestionante ao comunicar ao seu paciente, que estava travado em sua fala, que supunha que ele estivesse embaraçado com o surgimento de um afeto que lhe dizia respeito, a ele, pessoalmente. Daí emerge uma inegável relação entre transferência e sugestão.

Freud não se comove com isso; ele o explica dizendo: "Até então admitimos de bom grado que os resultados da psicanálise se basearam na sugestão; mas deve-se entender por sugestão aquilo que, juntamente com Ferenczi, nela encontramos: a influência sobre um indivíduo por meio dos fenômenos de transferência nele possíveis".[3]

A proposta é sutil e merece um instante de reflexão. É como se Freud nos dissesse que a transferência é a resultante de dois componentes: de um lado, a presença do analista, de outro, a resposta a essa presença devido à neurose do paciente que produz a transferência. Assim, em matéria de transferência, os enganos são compartilhados entre o analista, que a induz com sua presença, e o paciente, que a produz com sua neurose. Estamos, portanto, na presença de um

3 Freud, S. (1912/2010). A dinâmica da transferência. In S. Freud, *Obras completas de Sigmund Freud* (Vol. 10, p. 105). Companhia das Letras.

par de duas forças que agem simultaneamente para criar um único movimento. Mesmo que sejam necessários ao menos dois para que haja transferência, há apenas uma transferência.

Se Freud de fato teve a intuição de que sua presença como analista era decisiva no estabelecimento da transferência, é lendo Lacan que se pode apreender a função da presença do analista.

Essa presença do analista – o próprio termo o diz bastante – implica que a transferência se desempenhe no presente e mobilize esse famoso *presente do presente* que todo dizer tenta comprimir em seu nó. A transferência, decerto, se constrói em referência a elementos do passado com fixações imaginárias e traços simbólicos, mas o real da presença do analista, ao qual se dirige a palavra analisante, oferece a possibilidade de enodá-los diferentemente no dizer presente da experiência analítica. Podemos assim conceber que a transferência pode ser algo distinto da cópia exata do nó neurótico do analisante, mas que ela pode ser uma edição revisada e corrigida pela atualidade do encontro com a presença do analista.

Passo, portanto, a considerar a transferência como essencialmente uma experiência de dizer cuja função de nó pode ser apreendida. É claro que é o desenvolvimento do pensamento de Lacan que me leva até lá.

Muito cedo, justamente em seu primeiro seminário, em 1954, Lacan chamou a atenção de seu público para o fato de que a transferência devia ser considerada sob o ângulo de uma experiência de fala. Ele comentava nessa época um artigo de Herman Nunberg, "Transferência e realidade", publicado em 1951 em Nova York.[4]

---

4 Nunberg, H. (1951). Tranference and reality, *International journal of psycho-analysis*, XXXII, pp. 1-9.

O autor desse artigo nos mostra, com exemplos de apoio, que se o analista souber desmascarar a tentativa do paciente de reviver o passado no presente, ele pode levá-lo a abandonar essa repetição para se adaptar melhor à realidade.

Nunberg nos apresenta quatro casos clínicos. Lacan apoiou-se essencialmente no quarto caso, que apresentarei de bom grado como *o analisante bom aluno.*

O analisante bom aluno

Trata-se de um paciente que Nunberg descreve como um analisante modelo, que se submetia, não poderia ser melhor, à regra fundamental da associação livre, mas cuja análise não progredia em absoluto, até o dia em que foi desmascarada uma transferência na qual ele assimilava o analista à mãe, que lhe pedia ritualmente, todas as noites, ao se deitar, que ele lhe contasse tudo o que tinha pensado e feito durante o dia. Ela se sentava na cama para ouvi-lo; ele afirmava lhe contar tudo, mas estava fora de questão confessar a ela o prazer que ele estava sentindo ao examinar seus seios entrevistos através da camisola.

Lacan nos faz observar que o imaginário da cena ilude o analista que se assimila um pouco rápido demais à mãe do paciente, embora a situação seja diferente. Nunberg não é uma mulher, ele não está de camisola ou sentado na cama, mas colocado atrás de seu analisante. As coordenadas simbólicas não são as mesmas.

O que se deve notar é que a fala do analisante está suspensa a essa fixação imaginária do sujeito fascinado pelo objeto de desejo vislumbrado. A fala é então esvaziada de seu sentido, como poderia ser nas confissões noturnas com a mãe. Mas nada além disso.

"A palavra atual" – diz Lacan – "como a palavra antiga, é colocada num parêntese de tempo."[5] Essas duas palavras têm o mesmo valor. "Esse valor é um de palavra. Não há aí nenhum sentimento, nenhuma projeção imaginários, e o Sr. Nunberg, que se extenua em construí-la, encontra-se assim numa situação inextricável."[6]

Nesse caso, a última palavra dessas duas palavras, que remete à experiência do sujeito confrontado com a imagem do objeto de seu desejo, suspende-as, fora do tempo, num valor vazio. O que caracteriza a palavra vazia é que ela não tem efeito. Foi esta constatação que alertou Nunberg: seu paciente falava, mas suas palavras não surtiam nenhum efeito.

Nunberg evoca outro caso de sua prática para ilustrar sua tese da transferência como a colocação em ato do passado na realidade presente.

O homem da porta aberta

Trata-se do caso de um analisante que terminara sua análise há mais de oito meses e pede para voltar porque está angustiado e insone desde o nascimento de seu filho. De fato, desde que a mãe e a criança voltaram para casa, ele está angustiado, até em pânico, e não consegue dormir quando a esposa fecha a porta que dá para o quarto da criança.

O relato desse caso é bastante instrutivo, pois vemos aí que o analista encoraja seu paciente a fazer pontes entre o passado e o presente. Nunberg não hesita em comunicar a seu paciente que

---

5 Lacan, J. (1986). *O seminário, livro 1: os escritos técnicos de Freud (1953-1954)* (p. 276). Zahar.

6 Ibid.

ele se lembra que, na primeira parte da análise, já havia falado de angústias noturnas quando seus pais se ausentavam. Ao que o analisante acrescenta um elemento significativo: a porta de seu quarto dava para o de seus pais. Ele exigia que a porta de seu quarto ficasse aberta para que ele pudesse vigiar o de sua mãe. Nunberg interpreta para ele que hoje, ao deixar a porta do quarto da criança aberta, ele está se colocando no lugar da criança que foi e que queria vigiar sua mãe. Ele lhe diz que projetou uma parte de si mesmo no filho e que com a outra parte de seu eu [*moi*] ele se representa como mãe. Nessa montagem simétrica, Nunberg oculta singularmente a questão do pai. No entanto, esse paciente acaba de se tornar pai, e é isso, sem dúvida, que o assusta.

Se levarmos a sério as palavras de Nunberg, que faz da transferência uma colocação em ato do inconsciente recalcado, então podemos nos perguntar de que ato se trata nesse retorno do paciente que terminara sua análise, se não o de voltar a bater à porta do analista, pedindo que se deixe aberta a porta da transferência. Ele então se refugia em uma situação infantil junto a Nunberg, que ali o encoraja e se apressa em fechar a porta, sugerindo-lhe uma interpretação edipiana em nome do pai que ele encarna para seu paciente que não suporta sua função. O paciente queixava-se da angústia criada por uma porta fechada. Mas a angústia não seria antes o sinal de uma porta que se abria e que a transferência muito rapidamente terá fechado?

Esse caso apresentado por Herman Nunberg tem o mérito de colocar a seguinte questão, sempre atual desde Freud: a transferência é uma porta que se abre ou uma porta que se fecha? Reconheçamos que uma porta digna desse nome abre e fecha, senão não é uma porta. A questão toda é saber como o analista pode intervir nas batidas dessa porta. Veremos mais adiante a solução surrealista que Lacan propõe em seus *Escritos*.

Por ora, contentar-me-ei em deslocar o problema deixando de lado a metáfora da porta para considerar a questão por outro ângulo. Em seu seminário do ano de 1964, *Os quatro conceitos fundamentais da psicanálise*, Lacan sublinha o paradoxo da função da transferência que nos faz apreendê-la como um ponto de abertura para o alcance da interpretação, mas, ao mesmo tempo, como um momento de fechamento do inconsciente. "Aí está [ele nos diz] o que faz necessitar que a tratemos como o que ela é, isto é, um nó. Nós a trataremos ou não como um nó górdio, isto veremos."[7] Em todo caso, Lacan nos anuncia, a partir dessa época, que vai ser preciso considerar a topologia desse nó da transferência.

Só para constar, lembremos que, segundo a mitologia grega, o nó górdio fora invenção do lavrador Gordius, que encontrara uma maneira sutil de prender a junta de seus bois na barra de tração de sua carroça. Diz-se que esse nó era muito complexo e que não se via nenhuma ponta passar. Ora, aconteceu que, na época em que os frígios procuravam eleger um rei, seguiram as prescrições de um oráculo que os aconselhava a eleger o primeiro homem montado em uma carruagem que cruzassem pelo caminho. Designado pelo acaso desse encontro, Gordius tornou-se assim rei da Frígia. Não se guardou seu nome, conhecemos melhor o adjetivo que caracteriza o sábio nó de sua carruagem e o nome de seu filho, que não era outro senão Midas. Em todo caso, em Górdio, capital da Frígia, a tradição dizia que quem soubesse desatar esse nó se tornaria imperador do universo. Quando Alexandre Magno, apoderando-se de Górdio, soube da tradição, cortou o famoso nó com um golpe de espada. A sabedoria popular conservou que saber fazer e desfazer um nó dá

7 Lacan, J. (2008). *O seminário, livro 11: os quatro conceitos fundamentais da psicanálise (1964)* (p. 131). Zahar.

um certo poder, mas que é inútil tentar pacientemente desfazer um nó górdio, é preciso cortá-lo.

***

Lacan abandonará rapidamente essa metáfora da transferência como nó górdio. Que ele deva ser cortado não conviria ao fato de que é necessário pacientemente se desentrelaçar do laço transferencial. Por outro lado, podemos guardar essa primeira abordagem do nó transferencial feita por Lacan nesse seminário do ano de 1964. Se ele tivesse se inteirado da existência do nó borromeano, naquela época, sem dúvida teria escolhido estudar sua topologia. Isso é o que acontecerá dez anos depois, mas, que eu saiba, Lacan não vai realmente utilizá-lo para desvendar a estrutura do laço transferencial.

Se falamos em laço transferencial, é bom que imaginemos que a transferência dê um nó. Esse nó é apenas um efeito de fala; ele se manifesta no presente da relação com alguém com quem falamos, supondo que esse alguém poderá ouvir algo além do que lhe dizemos. Tudo repousa nessa suposição da existência de um além da fala que o próprio ato de fala poderia, apesar de tudo, acolher em suas artimanhas. É por isso que o modelo da cadeia borromeana, que Lacan usou para dar conta dos efeitos de um dizer, seria adequado para descrever esse fenômeno da transferência que Freud foi capaz de adivinhar como o efeito de um ato de fala.

Antes de fechar este capítulo sobre o tempo de transferência, seria preciso que eu mencionasse a evolução desse nó ao longo do tempo. Se esse nó não for górdio, mas borromeano, ele pode ter a leveza dessa cadeia que pode utilizar indiferentemente um de seus três registros para enodar os outros dois. Experimentar que se pode fazer o nó de maneira diferente é, a meu ver, aquilo que se pode esperar de um tratamento analítico. O nó transferencial se encontrará forçosamente modificado. É nesse sentido que Freud pôde falar da dinâmica da transferência. Segundo ele, o tratamento se instaura a partir do estabelecimento da transferência, que tem por efeito a dissolução dos sintomas, mas é em prol da produção de uma neurose de transferência que a análise terá de lidar.

Nessa ótica freudiana, a neurose de transferência é, portanto, o equivalente do sintoma neurótico. Numa ótica lacaniana, atribui-se ao sintoma uma função essencial no enodamento com que cada um se sustenta. Se considerarmos a transferência como equivalente ao sintoma, então compreendemos a reticência de Lacan em considerar que a transferência possa ser liquidada tão naturalmente ao final do tratamento. Mas, se realmente quisermos adaptar a dinâmica da transferência à dinâmica borromeana, é possível vislumbrar que podemos fazer o nó de maneira diferente sem precisar cortá-lo. Que o analisante possa cessar de supor o saber ao Outro e que ele leve em conta esse saber insabido. Que ele não precise mais da presença do analista para continuar apostando na existência do inconsciente. A transferência vai então se deslocar para o seu próprio trabalho e para o trabalho que ele pode compartilhar com os outros. É o que chamamos de "transferência de trabalho", elemento essencial na constituição de uma escola de psicanálise.

Digamos, para concluir este capítulo, que se a transferência permite revisitar o passado a partir do presente da experiência analítica, ela também condiciona o futuro da psicanálise e, em particular, sua transmissão. Se um possível término do tratamento analítico é a passagem do analisante a analista, a qualidade da presença do futuro analista dependerá do analisante que ele terá sido.

10. Uma faceta de nossa gramática: o futuro anterior

Voltemos àquilo que localizei na articulação do futuro e do passado em meu esquema agostinho-lacaniano. Logicamente, só poderia ser o famoso futuro anterior com o qual os gramáticos se preocuparam há muito tempo.

O futuro anterior é usado para expressar um fato que se pensa que será realizado em um momento futuro, mas não indica nenhuma relação temporal com o presente do ato de fala. Em geral, é o presente da fala que articula o passado e o futuro. Falamos no presente, e esse presente serve de referência para situar aquilo que está atrás de nós, o passado, e o que está à nossa frente, o futuro. Em outras palavras, à primeira vista, não haveria conexão direta entre passado e futuro que não passasse pelo presente.

Pois bem, justamente, o futuro anterior desvia essa passagem pelo presente.

Pode-se, por meio do artifício da enunciação, articular um fato que irá acontecer em determinada data.

O exemplo mais usado é o famoso: *coenavero cum intrabis – terei jantado quando você voltar para casa.* Você pode imaginar que ainda não jantei no momento em que enuncio essa fórmula, mas nada lhe garante isso. A única coisa localizável no tempo é que o jantar deve ocorrer antes da hora do retorno do outro.

Num eixo temporal, podemos localizar T_1, o momento do jantar, e T_2, o momento do retorno à casa. Se localizarmos T_0, o momento da enunciação em que digo *terei jantado quando você voltar para casa*, intuitivamente temos vontade de situá-lo no mesmo eixo do tempo a montante do momento do jantar.

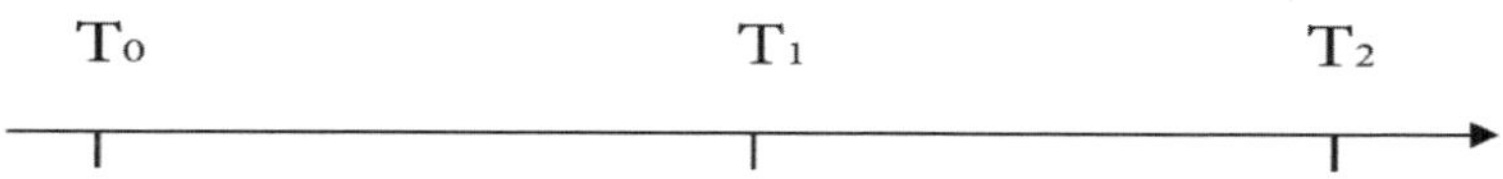

Figura 10.1 *Eixo do tempo "Coenavero cum intrabis".*

Um certo Beauzée,[1] autor de um artigo da *Encyclopédie* sobre o tempo, contesta essa representação que se devia aos gramáticos de Port-Royal,[2] pois, segundo ele, o futuro anterior não é necessariamente futuro em relação ao agora da fala. Ele o é majoritariamente no emprego habitual, mas não necessariamente. É por isso que Beauzée sugere uma representação poliaxial do tempo que foi produzida por um acadêmico de Lille: Henri Portine. Ele propõe que se situem dois eixos do tempo.

1 Beauzée, T., artigo da *Encyclopédie*, tomo 16, escrito em 1765, p. 101.

2 A *Gramática de Port-Royal* foi um trabalho pioneiro na área da filosofia da linguagem. Publicada em 1660 por Antoine Arnauld e Claude Lancelot, ela foi a contraparte linguística à *Lógica de Port-Royal* (1662), e ambas receberam esse nome em referência ao monastério jansenista de Port-Royal-des-Champs, onde seus autores trabalhavam. A gramática foi fortemente influenciada pela *Regulae* de René Descartes e tem sido utilizada como um exemplo por excelência da linguística cartesiana por Noam Chomsky. [N. T.]

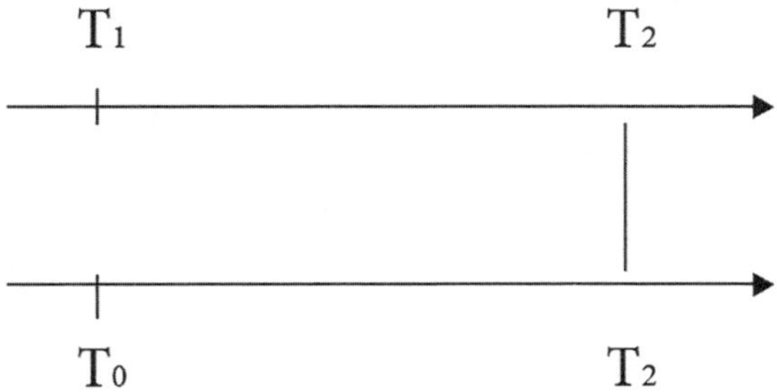

Figura 10.2 *Eixo do tempo "Coenavero cum intrabis".*

No primeiro eixo, ele situa o momento do jantar em relação à hora da entrada em casa. No segundo eixo, situa o momento da fala em relação ao momento da entrada em casa. Mas o momento do jantar é indeterminado em relação ao presente da enunciação. Posso estar jantando quando lhe digo que, quando você voltar, terei acabado de jantar. Nada sequer diz que eu ainda não terminei o jantar quando lhe digo isso. Tudo o que sei é que você ainda não voltou para casa quando falo.

Em outras palavras, o futuro anterior sublinha que há duas temporalidades distintas: a da enunciação, a do fato da fala e a do enunciado. E "não é porque, na terra, dois acontecimentos são sempre temporalmente ordenados que o são também na representação da linguagem".[3]

Também podemos usar o futuro anterior em um sentido conjectural. Formulamos uma hipótese e adiamos sua confirmação. "– Alguém roubou minha carteira! – Não, isso é ridículo, provavelmente você a terá esquecido em casa."

3 Portine, H. (1996). Beauzée et le futur antérieur, les axes du temps. In H. Portine, *Histoire Épistémologie Langage*, tomo 18, fascículo 2, tradução nossa.

O futuro anterior contém um implícito: *você verá que…* que pede para ser confirmado no futuro.

Nesse exemplo, a constatação da ausência da carteira tem um primeiro significado imediato: foi-me roubada. Mas esse significado poderá ser revisado no futuro, quando eu constatar, ao voltar, que a esqueci em casa. É, portanto, o futuro que me informará sobre o significado daquilo que aconteceu a ponto de eu poder dizer: então saberei o que terá acontecido.

Lacan nunca deixou de se interessar por esse uso do futuro anterior. Nisso, ele foi guiado pela descoberta freudiana do *a posteriori* [*après-coup*]. Lacan é um dos primeiros leitores de Freud a sublinhar a importância dessa temporalidade própria da vida psíquica. Sem dúvida, a leitura de Heidegger o ajudou a ter uma ideia precisa dessa temporalidade.

Assim como o *a posteriori*, o futuro anterior mostra que um acontecimento passado só pode ter sentido no futuro. Por causa da articulação da linguagem, que é uma articulação não de signos, mas de significantes, um significante que marcou o sujeito num tempo T_1 só ganhará sentido num tempo T_2, por causa de sua articulação com um segundo significante. O sentido está, portanto, estruturalmente por vir, mas, como sentido, tem um efeito retroativo.

Toda a teoria da psicanálise se baseia no fato de que a história de um sujeito não se resume à escrita simbólica de seu passado, mas é constituída de sentidos que também estão por vir. É o que Lacan escreve em 1953 em "Função e campo da fala e da linguagem em psicanálise": "O que se realiza em minha história não é o passado simples daquilo que foi, uma vez que ele já não é, nem tampouco o perfeito composto do que tem sido naquilo que sou, mas o futuro anterior do que terei sido para aquilo em que me estou transformando".[4]

---

4 Lacan, J. (1998). Função e campo da fala e da linguagem em psicanálise. In J. Lacan, *Escritos* (p. 301). Zahar.

Em última análise, essa frase complicada descreve o nó da temporalidade que deduzi da minha leitura de Santo Agostinho. O que se realiza em minha história é esse nó entre passado, presente e futuro, e é preciso sublinhar a importância do futuro anterior, que situei na articulação do imaginário e do simbólico, isto é, ali onde Lacan situa o sentido. O futuro anterior é, portanto, o modo do sentido por excelência.

Em 1958, em seu seminário *O desejo e sua interpretação*, no momento em que Lacan quer tirar o máximo de consequências da escrita de seu grafo que tenta articular a cadeia significante com sua temporalidade e a intenção de dizer, que também tem sua temporalidade, mas que não é a mesma, ele diz o seguinte: "Estou fazendo com que vocês notem a necessidade do uso do futuro anterior, na medida em que há duas indicações do tempo. Uma indicação do tempo diz respeito ao ato de que o enunciado '*Naquela época eu teria me tornado seu marido*' vai tratar, por exemplo, e trata-se da indicação desse *Eu* [*Je*] que vai se transformar por meio do casamento. No entanto, uma vez que vocês exprimem isso em termos de futuro anterior, há, por outro lado, o ponto atual de onde vocês falam, que lhes localiza como o *Eu* [*Je*] do ato de enunciação".[5]

Em "A subversão do sujeito e a dialética do desejo no inconsciente freudiano", ao refinar seu grafo, Lacan tem o cuidado de especificar que se trata de um circuito que estofa a cadeia significante. Esse estofo é feito do entrecruzamento de dois eixos orientados em sentidos opostos.

Por um lado, o eixo da cadeia significante em que os significantes se ordenam no tempo de sua inscrição. Poderíamos escrever S_1 e depois S_2. E em seguida há o segundo eixo, digamos o segundo vetor, que sobe e depois se volta para a esquerda, para descer novamente

5 Lacan, J. (2013a). Lição de 3 de dezembro de 1958. In J. Lacan, *Le Séminaire, livre 6: Le désir et son interprétation*. La Martinière.

e interceptar o primeiro eixo. Esse vetor traça o eixo da enunciação; é como o T_0 do gramático leitor de Beauzée.

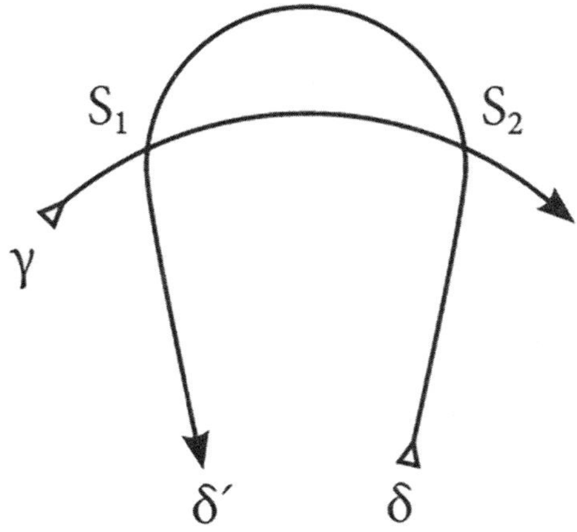

Figura 10.3 *Primeiro esboço do grafo.*

Esse eixo de enunciação tem uma temporalidade própria; quando falo, quero dizer algo em determinado momento. E o momento que escolho dizer é essencial para o alcance do que tenho a dizer.

Aí está toda a arte da dialética. Dizer algo muito cedo pode não surtir efeito, porque o outro ou os outros não estão preparados para ouvir, dizer muito tarde já não serve para nada. Donde a importância da temporalidade na enunciação; uma enunciação atinge a qualidade de um dizer apenas se chegar no momento certo. Isso é particularmente verdadeiro para o dizer da interpretação; a dimensão da temporalidade é essencial para o alcance da interpretação.

Portanto, há esse vetor temporalmente orientado da intenção de dizer, a intenção de se apropriar dos significantes S_1, S_2, S_3, para fazê-los dizer alguma coisa.

Se esses significantes são ordenados no tempo de sua inscrição, no tempo em que o sujeito os encontra em sua vivência, isso não basta para ordená-los em uma história que tenha um sentido. Pois o sentido requer o fato de que o sujeito tenha a intenção de dizer, que ele queira dizer. Não é por acaso que nos colocamos a questão do sentido da seguinte forma: "O que isso quer dizer?".

A lógica do significante implica que um significante tire sua significação apenas da articulação com um outro significante, isto é, *a posteriori* [*après coup*]. Essa lógica desempenha plenamente sua função no entrecruzamento do desfile [*défilement*] dos significantes com a intenção de dizer. O resultado é a significação, como *querer dizer*.

E, finalmente, o que Lacan chama de cadeia significante não é o único eixo de desfile dos significantes como eles aparecem na vivência de um sujeito, mas é o fechamento [*bouclage*] que estofa esses significantes com a intenção de significação.

Esse esclarecimento, eu o deduzo de um dos últimos comentários que Lacan faz sobre seu grafo no seminário *De um Outro a outro*. Ele retorna à célula elementar do famoso grafo. Ele então diz isto: "Esse primeiro esboço do grafo teve a função de inscrever, como depois se tornou banal, o que acontece com uma unidade de cadeia significante, na medida em que ela só encontra sua conclusão ali onde recorta a intenção, no futuro anterior que a determina. Quando uma coisa se instaura a partir daqui, que é, digamos, o querer dizer, o que se desenrola só vem a concluir ao voltar a esse ponto, ou seja, só adquire seu pleno alcance da maneira aqui designada, isto é, retroativa".[6]

Você vê quão importante é essa modalidade do futuro anterior. Ela desempenha plenamente sua função no estofamento da cadeia significante. Estofada, essa cadeia é algo diferente da mera rolagem dos significantes onde quer que eles apareçam, seja na vivência do

6 Lacan, J. (2008). *O seminário, livro 16: de um Outro ao outro (1968-1969)* (pp. 49-50). Zahar.

sujeito, seja na rolagem de seus pensamentos em que os significantes são articulados apenas por pura metonímia.

É esse estofamento que não funciona na psicose, daí a dificuldade do sujeito psicótico em ordenar os significantes de sua história. Daí também o fato de que seu pensamento seja parasitado por uma contínua modulação interior, que nada mais é que o incessante desfile [*défilé*] de significantes encontrados à beira do caminho, redobrados por algumas redundâncias devido a suas assonâncias com outros significantes que não fazem parte da estrada. Esse desfile incessante pode, no máximo, assumir a aparência de automatismo mental. O que não funciona é a articulação entre as duas temporalidades, a da cadeia dos significantes e a da intenção de dizer. Não há, portanto, teoricamente nenhum efeito de sentido retroativo ou uso do futuro anterior.

Isso é o que evidenciam as fastidiosas enumerações de meu jovem paciente Irineu, condenado a guardar a ordem de aparecimento dos significantes encontrados à beira da estrada. Ele precisa ter certeza, por meio da memória imediata, da sucessão de palavras para criar a coesão de seu ser como um conjunto de momentos espaço-temporais que não se inscrevem em sua história. E observo que ele conta com seu interlocutor para atestar isso, já que depois de elencar a lista, ele me pergunta, angustiado: "É isso, doutor?". É imperativo que eu responda a ele. Vista por esse ângulo, essa experiência poderia significar que esse sujeito psicótico conta com um outro para se historicizar, portanto, para ter um *Dasein*.

Não é a primeira vez que sou levado a levantar essa hipótese, já o havia feito ao repensar o longo percurso feito com um sujeito que sofria de autismo de Kanner: a única história que ele podia ter se resumia à história de nossos encontros, cuja coerência cabia a mim estabelecer.

Em condições mais usuais, não precisamos de um outro ao nosso lado que atue como secretário para inscrever e registrar nossa história. Heidegger mostrou claramente que a coerência do *Dasein* depende da unidade que ele deve criar entre as três *ekstases* temporais. Em *Ser e tempo*, ele escreve: "A unidade das *ekstases* da temporalidade é a condição de possibilidade para que possa ser um ente que existe como seu lá".[7] Embora a prosa do filósofo friburguês não seja de fácil decifração, entendemos que essa afirmação sublinha a importância da união das três formas de temporalidade para o *Dasein*. Parece-me que a escrita borromeana que propus a respeito da formulação de Santo Agostinho responde a essa exigência de enodar os três tempos em Heidegger.

Portanto, em condições habituais, o *Dasein* ou o *falasser* [*parlêtre*], como queira, se vira para enodar essas três coordenadas temporais, e é assim que ele consegue se situar no tempo e no espaço. Com esse GPS natural, ele pode prescindir de secretário.

7 Heidegger, M. (2005). *O ser e o tempo, Vol. 2* (M. S. C. Schuback, Trad.). Vozes.

11. Pontuação

A essa altura da minha reflexão sobre o futuro anterior como peça essencial do *a posteriori* freudiano e como pivô do ponto de estofo lacaniano, percebo que o enodamento borromeano das três temporalidades que proponho, depois de tê-lo deduzido de minha leitura de Santo Agostinho e de Heidegger, nada mais é que um estofamento. Isso me leva a aproximar a estrutura do ponto de estofo e o enodamento das três temporalidades, indispensáveis ao *Dasein*. É preciso dizer que essa aproximação está implícita em Lacan, pois ele faz da falta [*défaut*] de ponto de estofo, assim como da falta [*défaut*] de enodamento borromeano, a estrutura da psicose. E parece-me que ao borromeanizar a estrutura do tempo subjetivo, impõe-se essa aproximação entre o ponto de estofo e o nó borromeano. Ao se fazer isso, ressalta-se a função do tempo na leitura que um sujeito pode fazer daquilo que lhe acontece e na coesão de sua identidade, em suma, de seu estar no mundo.

Um problema na apreensão ou no manejo do tempo e da vivência de um sujeito se resume a uma lista de significantes que não têm sentido, mas que não devem, a qualquer preço, ser esquecidos, ou então a vivência é parasitada por um comentário dos atos, igualmente insensato, como no automatismo mental.

Alguns anos atrás, depois de ler o diário de Virginia Woolf, ocorreu-me comparar o automatismo mental com a escrita de um diário. São duas coisas que parecem muito diferentes, claro, mas que têm ainda assim um ponto comum, no sentido de que aquele que escreve um diário confere forma à contínua modulação interior que habita seu pensamento para dar a ela a estrutura de um diálogo consigo mesmo ou a aparência de um testemunho de sua vivência para a posteridade. Ele então toma seu leitor como testemunha.

Seria interessante refletir sobre a função do tempo na escrita de um diário. Aparentemente, nada é mais datado que a escrita de um diário cuja coerência da sequência de pensamentos escritos no papel é assegurada apenas pela lógica do calendário.

E, no entanto, a escrita do diário implica que aquele que o escreve se subtraia do tempo que passa, que faça uma pausa. Para escrever um diário, é preciso dedicar tempo de vida.

Podemos perceber também que, com exceção de certos escritores de diários, não é em qualquer momento que começamos a escrever um diário. Há os diários íntimos da adolescência. Nesse período de transição entre duas idades, seria a escrita uma tentativa de fixar o tempo que passa? Mas também há essa necessidade de escrever o que se sente depois da perda de um ente querido. Aqui, é claramente a ideia de imortalizar, por meio da escrita, o tempo passado daquele que já morreu e, ao mesmo tempo, é nesses momentos que o tempo parece se dilatar: os minutos, as horas, os dias, os meses são longos.

A sensação da passagem do tempo depende muito do estado em que nos encontramos. Quando estamos ocupados com algo que nos é caro, não vemos o tempo passar, contudo ele passa, e muito rápido.

Por outro lado, quando esperamos ansiosamente por algo ou quando estamos doentes, então o tempo se eterniza, nós o sentimos passar, e mais lentamente. A escrita pode, então, ser um remédio para alguns.

Marcel Proust escreveu a maior parte de *Em busca do tempo perdido* deitado em sua cama. De acordo com seus parentes e biógrafos, ele passava o tempo todo escrevendo. Pode-se perguntar: tratava-se mesmo de tentar reencontrar o tempo perdido como anuncia o programa de seu título ou tratava-se justamente de fazer passar ao esquecimento da escrita um tempo que estagnava num presente insuportável? Encontrei sob a pena de Christian Péchenard, um dos biógrafos de Proust, uma formulação interessante que me parece ir nessa direção. Ele escreve: "É fora do tempo que Proust escreveu *Em busca do tempo perdido*".[1]

Certamente, essa reflexão alimentaria este capítulo com ares palindrômicos que anunciei no início deste livro e que ainda não consegui escrever sobre *o tempo da escrita ou a escrita do tempo.* Proust se situa na borda dessas duas vertentes.

Ele não é o único. Emil Cioran também escreveu muito para lutar contra o real do tempo. Mas Cioran, sem dúvida devido a uma estrutura de personalidade muito diferente da de Marcel Proust, não conseguiu encontrar o subterfúgio para dar à sua obra a aparência de uma busca pelo tempo perdido.

1 Péchenard, C. (2019). *Proust et les autres* (p. 123). Table ronde.

12. O tempo em Cioran

De 1958 a 1972, Emil Cioran tinha sobre a mesa um caderno no qual registrava, datando-os, pensamentos que lhe vinham à mente, formulações que lhe pareciam dizer com a maior precisão possível aquilo que ele sentia. Trinta e dois cadernos foram assim publicados após sua morte. Em geral, não se consideram esses escritos seu diário e, no entanto, acredito que isso é um engano. Esses cadernos são o diário de Cioran, mas não um diário que registra, que narra acontecimentos; até há alguns deles, em particular anotações sobre seus passeios, seus encontros, escritos em duas ou três palavras lacônicas; em contrapartida, são seus pensamentos que são dispostos assim, o que confere um mínimo de ordem em sua fulguração.

Folheando esses famosos cadernos, encontrei a seguinte reflexão sobre o tempo que merece nossa atenção:

> *A doença de todos os meus dias é a exasperação, o esgotamento dessa atenção ao tempo a que ela se reduz. Essa consciência desesperada do tempo foi meu flagelo por toda a minha vida. Desde minha infância percebi a*

> *disjunção do tempo de tudo aquilo que não é ele próprio, desde a infância senti a existência autônoma do tempo, seu* status *separado daquele do ser, seu próprio reinado. Lembro-me perfeitamente daquela tarde de verão – devia ter uns 5 ou 6 anos – em que tudo à minha volta se esvaziou e restou-me apenas a sensação de uma passagem sem conteúdo, de uma fuga em si, de um fluxo que me assustou. O tempo se desprendia do ser, às minhas expensas. Não havia mais mundo, havia apenas tempo. Desde então, vivo apenas acidentalmente no acontecimento. Vivo apenas na ausência de acontecimento, no tempo que não se rebaixa ao acontecimento. O inferno talvez seja apenas a consciência do tempo.*[1]

Essa fórmula de Cioran do *tempo que não se rebaixa ao acontecimento* poderia ser uma excelente definição do estado melancólico. Em última análise, o que Cioran está nos sugerindo é que, para que o tempo se rebaixe ao acontecimento, ele precisa se apagar, o que permite ao *falasser* [*parlêtre*] esquecer aquilo que o constitui em seu ser rumo à morte. É somente a esse preço que a vida tem um sentido, diferente de apenas o real que a orienta do nascimento até a morte.

Mas uma forma de remediar esse sem-sentido [*non-sens*] da vida, para alguns, é alienar-se no tempo do Outro. Mas reduzir-se completamente ao tempo do Outro é impossível. Ressalto que é isso que alguém como Cioran não suportava. Em seus cadernos, ele se queixa frequentemente que os outros se atrasam para seus compromissos e, com a desmesura na fala que lhe é característica, escreve: "Devíamos introduzir a pena de morte para aqueles que

1 Cioran, E. (1997). *Cahiers* (p. 631, tradução nossa). Gallimard.

se atrasam". E acrescenta um pouco mais adiante: "Para chegar na hora, eu seria capaz de cometer um crime".[2]

Vemos que ele faz da pontualidade uma questão de vida ou morte. Antes cometer um crime do que arriscar ser confrontado com o fato de que o Outro falta, não no sentido de que o Outro poderia lhe fazer falta, o que o situaria na problemática do obsessivo, mas que o Outro falta no sentido de que ele não está mais ali, no sentido de que ele não o terá esperado. Estamos aqui na temática da melancolia, em que o sujeito é reduzido a ser um objeto em excesso, um objeto que ninguém jamais esperará.

Mais uma vez apelo à sagacidade de Cioran para captar a relação do sujeito melancólico com o tempo.

Ele escreveu uma coletânea de textos publicada em 1964 sob o título *La chute dans le temps* [A queda no tempo]. Trata-se de uma interpretação pessoal do mito do Gênesis. Segundo ele, Adão quis conhecer a morte. A eternidade o entediava, ele foi seduzido pelo proibido e provou o fruto proibido da árvore do conhecimento do bem e do mal. Então Adão "caiu no tempo"; a eternidade acabou para ele.

> *Depois de ter desperdiçado a verdadeira eternidade, o homem caiu no tempo, onde conseguiu, se não prosperar, pelo menos viver: o certo é que se acomodou. O processo dessa queda e dessa acomodação é chamado de História. Mas agora outra queda o ameaça, cuja amplitude lhe é ainda difícil apreciar. Dessa vez, não se tratará mais para ele de cair da eternidade, mas de cair do tempo; e cair do tempo é cair da história, é – suspenso o futuro – atolar-se no inerte e no sombrio, no absoluto da estagnação, onde o próprio verbo se atola. A insensibilidade ao seu*

2 Ibid., p. 166.

> *próprio destino é característica daquele que decaiu do tempo e que, à medida que essa decadência se acentua, torna-se incapaz de se manifestar ou de simplesmente querer deixar traços.*[3]

Com essa definição que ele nos dá do estado melancólico como o estado daquele que caiu do tempo, compreendemos um pouco melhor o que Cioran escrevia em seus cadernos acerca do atraso insuportável. O que lhe era insuportável no atraso, seu ou do Outro, era sem dúvida o risco de se sentir como se tivesse caído do tempo.

***

Eu poderia corroborar essa tese de Cioran sobre a percepção do tempo na melancolia relatando o caso de um paciente gravemente melancólico, que atendi há cerca de vinte anos.

O instante parado

Recebo um dia um pedido de uma paciente hospitalizada em um ambiente psiquiátrico. Ela me avisa que tem uma pergunta urgente a fazer. Marco uma consulta com ela e, quando a recebo, vejo uma jovem vestida toda de preto, bastante bonita, mas com o rosto extremamente pálido, congelado em uma máscara de dor. Seu olhar negro é penetrante e um tanto inquietante. Sua pergunta urgente é a seguinte: ela quer que eu autentique sua culpa em uma história dramática – a morte de um homem, o filho mais velho de sua babá. Essa jovem nascera de um pai desconhecido e de uma mãe muito jovem que a abandonara. Ela fora confiada a uma babá,

3 Cioran, E. (1995). Tomber du temps (pp. 1156-1157, tradução nossa). In E. Cioran, *La chute dans le temps. Œuvres*. Quarto/Gallimard.

que a criou. O drama que ela me conta logo de cara aconteceu na casa da babá que a criou.

Ela tem 15 anos, está na soleira da porta com a babá quando o filho da família vem visitá-las. Ele estaciona a caminhonete no quintal, deixando os próprios filhos dentro, e vem conversar com as mulheres na porta. A paciente me conta que o quintal fica em uma subida. Minha paciente está ali, na soleira da porta da casa e, pelo que ela diz hoje, se dá conta de que esse homem esqueceu de puxar o freio de mão da caminhonete que ela vê lentamente dar ré. Ela não sabe por que, mas não diz nada. Quando o homem percebe que a caminhonete está descendo, ele corre, mas é tarde demais: o veículo tomou velocidade, e quando ele quer pará-la, a caminhonete o esmaga contra a parede contra a qual colide. Ele morre pouco depois devido aos ferimentos. O drama aconteceu treze anos atrás, mas a paciente conta isso como se ainda estivesse lá.

Há treze anos ela não para de pensar nisso: "Eu tinha visto, deveria ter dito a ele, sou uma criminosa, é melhor eu me entregar à polícia". Poder-se-ia pensar que essa cena, que ela revive incessantemente, é uma forma de voltar no tempo e trazer de volta à vida esse homem, o qual podemos supor que ela amava. Poder-se-ia pensar que, ao reviver permanentemente essa cena, ela tentava fazer o luto. Na realidade, percebo muito rapidamente que não se trata de um luto, mas sim de uma melancolia. Cada vez que a recebo, ela me conta essa cena com uma atenção meticulosa aos detalhes. A cada vez, é a mesma ladainha e as mesmas acusações delirantes. Decerto que se trata de uma culpa delirante. Ela acusa a si mesma, mas ao mesmo tempo não subjetiva a falta. Ela acusa a si mesma de ter matado esse homem, mas não há motivo algum, portanto, nenhuma falta subjetiva. Simplesmente, ela faz de si mesma o agente do real que matou o filho de sua babá.

Ao reconsiderar esse caso, que remonta a mais de vinte anos, parece-me que o crime de que ela se acusa, esse crime que ela relata, sempre presente, é um crime que ela elabora ao longo de suas incansáveis reconstituições. É certo que, a cada vez que ela revive esse instante que ficou fixado em um presente terrível, ela sabe muito bem, agora, qual será o desfecho fatal. Suponho que a anomalia de sua relação com o tempo faz com que "eu sei disso agora" seja equivalente a "eu também o sabia antes". Portanto, isso apenas alimenta sua culpa delirante: "Eu o sabia, eu o tinha visto, por que eu não disse nada?". Então ela volta incansavelmente com esta demanda: "Não seria melhor se eu me entregasse à polícia?", às vezes até mesmo: "Acompanhe-me até a delegacia", e em certos momentos de grande sofrimento: "Ajude-me a morrer". Ela também conta a vida insuportável que faz sua babá levar, lembrando-a eternamente da perda de seu filho.

Ao longo de sessões particularmente dolorosas, pude compreender que o que desencadeara esse grave surto melancólico não fora tanto esse drama familiar, mas o encontro, três anos mais tarde, com um professor de filosofia que ela idealizava e que falara em aula sobre a má-fé. Ela havia tomado isso para si mesma, inteiramente. O professor havia percebido o jogo dela. Ela estava de má-fé. Ela recebia, assim, a significação que podia explicar sua atitude durante o drama. Por que ela não dissera nada quando vira a caminhonete se mover? Porque ela é um ser de má-fé que dizia amar o filho da família, quando o queria morto. Essa significação, recebida *a posteriori*, a prendia então a esse instante parado do drama do qual ela se queria a autora. É certo que, ao repeti-lo indefinidamente, ela o reduzia a um puro ato de fala insuportável para ela e para os que a cercavam.

Poderíamos dizer dessa infeliz mulher que ela havia caído do tempo? A formulação de Cioran lhe conviria muito bem.

O tempo – isto é, a vida – havia seguido seu curso para os outros, mas não para ela, que permanecera naquele instante que ela eternizava em sua fala. Não a vi por muito tempo, ela deu meia-volta ao perceber que eu não atenderia ao seu pedido de acompanhá-la à polícia. Ela desapareceu. Soube mais tarde que ela escolhera acabar com sua própria vida jogando-se de uma ponte na água gelada de um riacho.

Suas aulas de filosofia lhe ensinaram a metáfora do rio de Heráclito? Nunca saberei, mas a lógica de seu ato pode nos fazer pensar nisso.

13. O tempo da separação

A melancolia, vista a partir da escrita de Cioran, permitiu-nos apreender a função do tempo na pulsação entre a alienação e a separação. Devido à alienação, o sujeito sempre tem um tempo de atraso em relação ao Outro que, nos bons casos, o esperou. Mas é no tempo da separação que o sujeito se realiza em sua própria temporalidade. E é aí que Lacan sugere que situemos a pressa. A moral da pequena história dos três prisioneiros é que é preciso se apressar em se dessolidarizar do grupo que aprisiona para poder se sair bem. É preciso se apressar para sair do fascínio pela imagem e é preciso se apressar para não estagnar no tempo para compreender.

O objeto *a*, que pode ser designado como objeto *hâté* [apressado] ou *a-t*, é o objeto que separa, é o objeto sobre o qual o sujeito se apoia para se separar da lógica do Outro que o alienou. Essa separação se faz na sua hora [*à son heure*], não é o Outro que decide isso porque essa hora não está no tempo do Outro. Essa hora é a do sujeito, é a hora [*heure*] dele, sua boa hora [*bon heur*] quando acontece no momento certo.

Em francês, a palavra *heur* no masculino é uma palavra que não é mais utilizada a não ser na expressão *avoir l'heur de*. É equivalente a *avoir la chance de* [ter a chance, a sorte, a oportunidade de]. *Heur* no masculino é a sorte [*chance*]. Vem do latim *augurium*, augúrio, presságio. Há bons augúrios, é a felicidade [*bonheur*], mas há os maus augúrios: o infortúnio [*malheur*].

Se me detenho por um instante na palavra *heur*, boa ou má sorte, mas no masculino, de toda forma, é porque há algo do real, algo do encontro contingente, nessa questão. Não podemos ter muitos encontros se não estivermos preparados para eles, se não estivermos nesse presente do presente de que falava Santo Agostinho, seja porque ficamos fixados na nostalgia do passado, na repetição tranquilizadora do "sempre como antes", seja porque nos evadimos no instante seguinte, a fantasia dos amanhãs que cantam para os sonhadores ou a antecipação ansiosa daquilo que poderia acontecer com aqueles que têm dificuldade de dormir.

O tempo do sujeito é, portanto, um tempo que o separa do tempo do Outro e que o torna um pouco mais disponível ao encontro contingente, isto é, à abordagem do real.

Esse tempo da separação é essencial para algumas pessoas. Pode ser irritante. Penso no caso de uma paciente, ouvida em uma supervisão. O analista percebera rapidamente que a paciente chegava sistematicamente atrasada. Ele escolhera por prudência não dizer nada sobre isso. Ela mesma não procurava justificar isso com nenhum álibi. Desculpava-se, mas era assim, ela não conseguia se explicar. Até o dia em que a senhora chega pela primeira vez com um atraso muito pequeno. Ela poderia não ter dito nada sobre isso, mas insiste em apontar para seu analista que está três minutos atrasada. "Não tem problema", responde o analista. É aí que a paciente se irrita: "Mas afinal, três minutos bastam para perder um trem!". Ela visivelmente queria em absoluto que seu tempo não fosse o tempo do Outro. Apegar-se a um objeto da separação dessa maneira é uma indicação de um problema sério no nível da alienação. Infelizmente para essa paciente, seu atraso fundamental e calculado a fizera perder todos os trens de sua vida.

Se fizermos do tempo do sujeito um objeto da separação, deveríamos poder encontrar laços estruturais com aquilo que é o objeto da separação por excelência, isto é, a voz. Seria preciso examinar as relações que podem existir na estrutura entre a voz e o tempo do sujeito.

A voz como objeto não é audível no que se diz, é o que resta da matéria sonora do significante para além da significação, isto é, para além daquilo que se quer dizer. É por isso que o Outro, que é o garante da significação, não pode responder por ela.

E, no entanto, dar voz quer dizer algo, quer dizer que alguém está pronto para sinalizar sua presença e quer contar para alguma coisa, quer ter voz na questão.

A voz intervém como objeto quando tomamos a palavra. Ora, tomar a palavra é um ato, por isso pode envolver alguns riscos. O ato de tomar a palavra, como qualquer ato, só é decisivo se vier no momento certo. É aqui que podemos ter uma ideia da conexão entre o ato de dizer e o tempo.

Mas se a voz participa do dizer, não podemos assimilá-los completamente. A voz pode intervir no dizer por meio de um silêncio mais do que por uma tagarelice. Em todo caso, é isso que Lacan nos sugere durante uma sessão de seu seminário, observando que se seus alunos acorriam a seu seminário, talvez fosse para ouvir sua voz.

"A voz pode ser estritamente a escansão com a qual tudo isso eu lhes conto. Estou convencido de que há aí uma fonte da acumulação de vocês neste recinto. Há algo assim, que está ligado ao tempo que eu levo para dizer as coisas, já que o objeto (*a*) está ligado a essa dimensão do tempo."[1]

Embora eu pessoalmente nunca tenha assistido ao seminário de Lacan, o que me impressiona, ao ouvir suas gravações, são os silêncios com os quais ele pontuava seu dizer. Poderíamos talvez conceber as relações da voz com o dizer propondo que a voz seria algo como o tempo do dizer. Em todo caso, é isso que essa pequena observação de Lacan me sugere.

Seria preciso acrescentar a este capítulo o fato de que o dizer é um ato que aposta no tempo. O dizer tem seu momento, mas ele não tem todo o seu tempo.

Proponho, então, que você me acompanhe até o próximo capítulo para refletirmos sobre a função do tempo no ato.

1 Lacan, J. (inédito). *Les non dupes errent*, lição de 9 de abril de 1974.

14. O tempo do ato

Os filósofos da Antiguidade enfatizaram quanto é evanescente o presente. Os estoicos, ao fazerem essa observação, propunham apreendê-lo a partir da ação. Para eles, tratava-se de um princípio ético. Marco Aurélio teria dito: "É preciso fazer uso do presente".[1] Como o presente resiste a se deixar aprisionar em nossos conceitos, somos reduzidos a poder defini-lo apenas por nossas ações. Realizar um ato é tornar-se agente do tempo, é algo diferente de apenas sofrê-lo. Tal ato faz um corte no fluxo temporal. Ele marca uma ruptura entre um antes e um depois. Isso implica que o ser daquele que o realiza também seja mudado. Mas nada pode garantir a quem realiza um ato que o futuro estará à altura de suas expectativas. Essa ausência de garantia confere um valor ético ao ato. Realizar um ato supõe que assumamos esse risco, que tenhamos nos libertado do medo daquilo que poderia acontecer. Ao mesmo tempo, o ato só é identificável, como tal, na ruptura que ele opera com o passado. O tempo do ato é, portanto, um puro presente.

---

1 Jullien, F. (2016). *Du "temps". Elements d'une philosophie du vivre* (p. 143). Biblio Essais.

Atravessar o Rubicão

"*Alea jacta est*, os dados estão lançados!", César teria dito no momento em que decidiu atravessar o Rubicão. Quando os dados são lançados, não há como voltar atrás, contamos com a sorte, isto é, com a nossa estrela da sorte, com a nossa hora [*heur*].

Para atravessar esse pequeno rio que só percorre 29 quilômetros antes de desaguar no Adriático, foi necessário precisamente que César se libertasse do valor simbólico desse limite que nenhum exército deveria atravessar para penetrar na província de Roma. César liberta-se do passado escrito na lei simbólica, ele não teme o futuro porque é sua hora.

Querendo saber um pouco mais da perspectiva do próprio interessado, fui buscar nas memórias de César o que ele teria dito sobre esse momento decisivo. Curiosamente, em seu tratado sobre *A guerra civil*, ele relata a arenga que pronunciara diante de Rimini para convencer suas tropas a segui-lo na justiça de seu ato, mas em nenhum momento menciona o famoso Rubicão. Foram os historiadores da época, Suetônio e Plutarco, que destacaram, *a posteriori*, o alcance simbólico dessa travessia.

É como se esse puro presente ao qual o sujeito se iguala em seu ato não pudesse ser inscrito pelo próprio autor, mas necessitasse ser tomado em um discurso mantido por outros, *a posteriori*, para ser registrado. Esse tipo de esquecimento que se poderia atribuir a César atesta sua divisão no momento do ato. Um ato não é exatamente realizado em plena consciência. Um ato requer uma qualidade de presença que ultrapassa a vontade e a consciência. Trata-se de estar presente na lógica do próprio desejo, de estar na hora [*à l'heure*] desse encontro.

É essa pontualidade que falta ao neurótico e especialmente ao obsessivo. Daí sua dificuldade em realizar um ato. Ele é impedido por sua procrastinação, que o faz atrasar o momento de passar à ação, e por suas dúvidas, que o impedem de escolher entre duas ações opostas. Muitas vezes, sua hora é o último momento, quando, pressionado por prazos que não são seus, ele não tem mais escolha. É aí que ele pode se precipitar em passagens ao ato impensadas e muitas vezes ineficazes.

O ritual obsessivo

Notei que os obsessivos-compulsivos têm a tendência de tentar justificar seus rituais de verificação dizendo que não estão certos de terem feito determinada coisa corretamente. Eles também precisam voltar atrás para verificar, uma vez, duas vezes, três vezes, se a porta está realmente fechada, por exemplo.

Tendo ouvido um sujeito obsessivo por muito tempo, acreditei ter entendido que, sem dúvida muito envolvido em seus pensamentos, suas ruminações, ele não estava presente no que estava fazendo ao fechar a porta. Ele, portanto, tinha algum motivo para duvidar de que havia fechado a porta em questão. Ele não se via fechando-a direito. É como se o ato de fechar a porta não estivesse inscrito em seu passado – portanto, no nível simbólico – e ele tivesse que remediar isso com a imagem, indo ver, com seus olhos, o estado da porta. Mas assim que a porta saía de vista, a dúvida voltava. Se o ato de fechar a porta não se inscrevia nele, era porque ele não estava presente no momento desse ato. E se ele não estava presente no momento de fechar a porta, provavelmente era porque no fundo, apesar das aparências, ele não queria fechar a porta. Uma porta que se fecha é um ato, é uma retirada interrompida, isso o obriga a seguir em frente.

Para outros neuróticos obsessivos, a porta é uma passagem difícil de atravessar, e alguns nos dizem que precisam pensar em fórmulas mágicas ou realizar gestos rituais para cruzar esse limiar. Em termos borromeanos, poderíamos dizer que o sintoma obsessivo vem duplicar um registro simbólico que não está corretamente ancorado aos outros dois.

Essa necessidade do sintoma obsessivo não predispõe esses sujeitos a atravessar o menor Rubicão. Podem seguir os passos daquele que o transpõe, ou então imitá-lo, mas isso não equivale a um ato.

O obsessivo tem dificuldades em realizar um ato. Shakespeare nos demonstrou isso magistralmente com a tragédia de Hamlet, sempre na hora do Outro. Mas o que não aparece no personagem shakespeariano é a posição privilegiada do sujeito obsessivo, sempre atrás de um mestre, nunca na linha de frente.

Isso nos remete à dialética hegeliana. O sujeito obsessivo figura ali como escravo, raramente como senhor. Lacan nos faz observar em seus *Escritos* que se o escravo se esquivou diante da morte, no campo de batalha, é porque sabe bem que é mortal. Mas Hegel não levou em conta que esse escravo que se sabe mortal sabe muito bem que seu mestre/senhor pode morrer. O escravo aceita trabalhar para o senhor e abrir mão de seu gozo, mas é na expectativa da Grande Noite que marcará a morte do mestre. "Tal é a razão intersubjetiva tanto da dúvida quanto da procrastinação que são traços de caráter do obsessivo."[2]

O que caracteriza a posição do escravo é que ele não age por conta própria e que seu trabalho lhe é furtado. Ao transpor essa configuração dialética para o neurótico obsessivo, Lacan nos permite compreender por que o sujeito obsessivo não está naquilo que faz. Assim como o escravo que trabalha apenas para o mestre/senhor, o que ele faz não é para ele. "Sua obra . . . escapa-lhe igualmente, pois ele próprio [escreve Lacan] 'não está ali', está no momento antecipado da morte do mestre/senhor, a partir do qual viverá, mas

2 Lacan, J. (1998). Função e campo da fala e da linguagem em psicanálise. In J. Lacan, *Escritos* (p. 315). Zahar.

à espera da qual se identifica com ele como morto, mediante o que ele mesmo já está morto."[3]

É nesse modelo que Lacan descreve a estratégia do analisante obsessivo que se esforça para demonstrar sua boa vontade, mas que, no entanto, fantasia sobre a morte de seu analista. É aí que os partidários da ortodoxia freudiana defendem a análise das resistências do paciente. Processo inútil e ineficaz segundo Lacan; ao contrário, sua experiência o levou a introduzir a noção de ato analítico para designar a ação do analista que visa frustrar o estratagema da boa vontade à maneira do *kôan* dos mestres zen que desestabilizavam seus discípulos mais zelosos para fazê-los aceder ao estado de despertar budista.

O *kôan* é uma formulação muitas vezes paradoxal, uma pontuação surpreendente, por vezes acompanhada de um gesto brutal, destinado a descolar o impetrante do nível basal do seu enunciado.

Depois de ter comparado seu processo de pontuação pela sessão curta à prática dos mestres zen, Lacan precisa: "Sem chegar aos extremos a que é levada essa técnica, uma vez que eles seriam contrários a algumas das limitações que a nossa se impõe, uma aplicação discreta de seu princípio na análise parece-nos muito mais admissível do que certas modalidades ditas análise das resistências, na medida em que ela não comporta em si nenhum perigo de alienação do sujeito".[4]

O ato analítico

O primeiro nível do ato do analista, segundo Lacan, é a pontuação da sessão. Ao introduzir seu estilo de sessões curtas, Lacan atravessava

---

3 Ibid., pp. 315-316.

4 Ibid., p. 317.

o Rubicão da ortodoxia freudiana, que preconizava a emulação de Freud na duração fixa das sessões de cerca de cinquenta minutos. Era, portanto, um ato em dois níveis: no nível de sua prática cotidiana com os seus analisantes, mas também no nível da comunidade analítica que se acomodava a uma prática obsessiva ritualizada da sessão de análise.

A prática lacaniana se baseia na ideia de que o que acontece em um tratamento analítico é da ordem de um processo dialético. Assim, o final da sessão opera forçosamente como uma pontuação. Delegar o cuidado da ampulheta é conceder ao analisante o controle e estimular seu cálculo obsessivo, suas antecipações que o protegem. Se o analista se faz agente da pontuação, isso pode então dar outra saída ao discurso analisante.

A pontuação participa do sentido. A prática hermenêutica dos textos sagrados mostra facilmente, escreve Lacan, que "a ausência de pontuação é uma fonte de ambiguidade, a pontuação colocada fixa o sentido, sua mudança o transforma e, errada, equivale a alterá-lo".[5]

Jamais esquecerei a lição sobre a importância da pontuação dada por nosso professor de francês em um colégio para filhos de boas famílias.

"As galinhas saíram do galinheiro assim que nós abrimos a porta para elas", dizia ele, em tom desiludido. É uma constatação banal, que pode emanar do dono do galinheiro habituado a dar um pouco de ar às suas galinhas de vez em quando. Mas introduza uma vírgula – "as galinhas saíram do galinheiro, *vírgula*, marque uma longa pausa, assim que *nós* [a enfatizar] abrimos a porta para elas!" – e colocará em funcionamento um equívoco que leva a um sentido bem diferente; é a exclamação surpresa do referido dono ao notar que desmiolados haviam aberto a porta às galinhas.

---

5 Ibid., p. 315.

Esse exemplo merece os melhores comentários de especialistas para mostrar como a pontuação perturba, altera, o sentido de um enunciado. É a dimensão da enunciação que intervém na interpretação do enunciado. E o que opera nessa enunciação é um certo manejo do tempo.

O tempo é, portanto, um fator essencial no ato do analista. Esse ato do analista – precisamos especificá-lo? – se limita ao registro do dizer. Mas, ao intervir como pontuação no discurso do analisante, pode também conferir-lhe a dimensão de um dizer. Então o analisante se adaptará ao ritmo de seu dizer e à pressa que ele implica. Mais uma vez, poderíamos adotar o ponto de vista da filosofia chinesa distinguindo o momento e o tempo lembrando que se o dizer tem seu momento, não tem o tempo todo.

É possível sonhar em ter todo o tempo, mas é um sonho acordado, uma fantasia, porque nos sonhos que se tem à noite, é muito raro que o tempo se eternize. E quando isso acontece, o sonho vira pesadelo e aquele que sonha acorda. Nesse sentido, seria interessante se debruçar sobre a problemática do tempo no sonho.

15. O tempo no sonho

Desde a aurora dos tempos, aqueles que sonham são tentados a atribuir a alguns de seus sonhos um valor premonitório. Como se seus sonhos pudessem remediar a impotência do homem em saber e agir sobre seu futuro.

Freud não eludiu o problema; ele conclui seu trabalho sobre a interpretação dos sonhos abordando a questão.

> *E o valor do sonho para o conhecimento do futuro? Isso está fora de questão, naturalmente. Deveríamos falar, em vez disso, do seu valor para o conhecimento do passado. Pois do passado é que provém o sonho em todo sentido. É verdade que a antiga crença de que o sonho nos mostra o futuro não é inteiramente desprovida de verdade. Ao representar um desejo como realizado, o sonho está nos levando para o futuro, de fato; mas esse futuro que o*

> *sonhador toma como presente é modelado, pelo desejo indestrutível, à imagem e semelhança do passado.*[1]

Em outras palavras, para Freud, o sonho articula, enoda, as três estases do tempo, e o meio que ele utiliza é esse famoso *desejo indestrutível.*

Já foi dito e repetido que, para Freud, o inconsciente não conhece o tempo. Isso não é completamente exato. O inconsciente brinca com o tempo que se esvai, o tempo que passa, decerto, mas isso não significa que ele ignore o tempo.

Ele utiliza o tempo da repetição, ele utiliza o tempo da significação, isto é, o *a posteriori* [*après-coup*]. O inconsciente nos obriga a considerar o tempo não como um real que flui inexoravelmente, mas como o rastro de um sujeito que tem seu próprio tempo, um tempo que passa em círculos, se repete, um tempo que parece parar e em seguida, em outros momentos, se precipitar.

É bastante curioso notar que nós, que nos sabemos mortais, deveríamos regularmente encontrar esse prazo fatal em nossos sonhos, mas isso raramente acontece. Freud se debruçou sobre os sonhos de angústia em sua *Traumdeutung*, mas ele os interpreta a cada vez não como a representação da morte, mas como a representação da castração como punição por um desejo recalcado.

Ou então ele os interpreta como consolo. É o caso dos sonhos que temos regularmente de precisar refazer um exame decisivo em que passamos. Esse tipo de sonho ocorre, segundo ele, quando quem sonha teme um passo a dar e se culpa por não ter se preparado bem. O sonho de ter que refazer o vestibular vem aí para consolar aquele

---

1 Freud, S. (2019). A interpretação dos sonhos. In S. Freud, *Obras completas de Sigmund Freud* (Vol. 4). Companhia das Letras, arquivo digital.

que sonha: "Não tenha medo de amanhã; lembre-se do medo que sentiu antes da prova de maturidade, e nada lhe aconteceu".[2]

Outro exemplo de sonho de consolo paradoxal é o sonho de perder o trem alguns dias antes de partir para uma viagem. Freud o interpreta no mesmo sentido do sonho do exame a ser refeito. Melhor perder o trem do que arriscar a grande viagem, ou seja, a morte. "Fique tranquilo, você não vai morrer (partir)."[3]

É bastante impressionante ver como o inconsciente trata o tempo no sonho. Tentemos nos deter estritamente na problemática do tratamento do tempo, sem nos precipitarmos em dar sentido como Freud não deixa de fazê-lo em sua *Traumdeutung*.

No sonho do exame, tem-se a impressão de que o tempo não passou, ainda não se tenha feito o vestibular, há uma estase do tempo aí. Essa etapa do vestibular não é anódina, uma vez que esse exame constitui uma etapa decisiva: há um antes e um depois. Na maioria dos casos, quem sonha em fazer esse exame são os aprovados. É, portanto, como se o sonho negasse a travessia dessa etapa.

No sonho do trem perdido, falta-nos tempo, corremos atrás de algo que vamos perder. Aí, novamente, há uma etapa decisiva, um prazo, um *deadline*, como dizemos hoje no meio corporativo.

Em ambos os casos, o inconsciente serve-se de seu uso fantasioso do tempo para nos consolar diante dos prazos e dos perigos do futuro.

É aí que podemos mensurar a pertinência da interpretação freudiana última que atribui ao sonho a função de proteger o sono. Se o sonho é um meio de realizar um desejo, o desejo essencial é dormir profundamente sem temer o futuro.

---

2 Ibid.

3 Ibid.

O que nos permite dormir, não só na cama, mas também acordados, ou seja, o que nos permite não temer muito aquilo que nos espera na curva, é o desejo. E quando Freud termina seu *Traumdeutung* sobre essa noção de desejo indestrutível, isso deve nos interrogar sobre a natureza do tempo do desejo.

16. O desejo indestrutível e as distensões do tempo

No decorrer de minhas leituras para alimentar minha reflexão sobre o tema do tempo, deparei-me com um pequeno texto de Sêneca intitulado “Sobre a brevidade da vida”. “Viveis como se sempre havereis de viver . . . Tendes medo de tudo como mortais, desejais tudo como imortais.”[1] Isso mostra como o tempo está na articulação entre angústia e desejo.

Há o tempo da angústia quando nosso ser para a morte se perfila. É como se Sêneca nos dissesse: se você tem medo, é porque sabe que vai morrer. É uma certeza que se impõe. Falamos de espera ansiosa, mas na angústia o sujeito não espera nada de bom. É certo que isso vai acontecer. Ele não pode dizer a si mesmo: “Amanhã será melhor”. Não há amanhã na angústia. Há um presente que não tem sentido. No máximo, o angustiado pode remetê-lo à sua experiência passada; se não for a primeira vez, ele diz a si mesmo: “É isso aí, está começando de novo!”.

---

1 Sêneca. (2017). *Sobre a brevidade da vida* (J. E. S. Lohner, Trad., p. 12). Companhia das Letras/Penguin.

E depois há o tempo do desejo que é o remédio na medida em que apaga esse real. O tempo do desejo é um futuro eterno: amanhã farei isto ou aquilo, e depois de amanhã ainda haverá e sempre haverá um amanhã.

A esse propósito, conta-se que na véspera da sua morte, Sócrates, em sua cela, se dedicava a aprender uma peça de flauta. Quando um dos seus chegados lhe perguntou para que aquilo servia, ele teria respondido: "Quero saber tocar essa música antes de morrer".[2] Quer seja verdadeira ou não, essa anedota confirma o que sabíamos sobre a sabedoria socrática; ela nos propõe o modelo de um desejo indestrutível – o de adquirir um saber, reparemos – como bússola na vida, até ao fim.

Em última análise, como se virar com esse tempo que nos é dado por um tempo, esse tempo que nos pertence, que começa e termina conosco? Nós nos viramos quando podemos enodá-lo da forma borromeana, o que evita ao tempo nos embaraçarmos quando ele estaciona em uma das três *ekstases*. Mas, por conseguinte, ficamos divididos entre essas três modalidades do tempo. Em 1973, em uma aula de seu seminário *Les non dupes errent* [Os não tolos erram], Lacan aponta essa relação do tempo com a cadeia borromeana. Ele diz o seguinte:

> *Vocês não sentem que seu tempo está dividido entre seu Simbólico, seu Imaginário e seu Real? Isso sugere que o espaço implica o tempo, e que o tempo talvez nada mais seja do que uma sucessão de instantes de distensão [*tiraillements*]. Em todo caso, isso expressaria muito bem a relação do tempo com essa escroqueria que se*

---

2 A anedota é citada por Cioran em seus cadernos; compreende-se que ela tenha despertado sua admiração. Procurei esse episódio em Platão, mas não encontrei a narrativa tal qual Cioran a relata. Mas pouco importa.

> *chama eternidade. O tempo talvez seja apenas isso: as trindades do espaço, o que aí emerge de um aperto* [coincement] *irremediável*

Essa frase é bastante complicada, proponho a você minha leitura.

Ela começa com uma evidência: somos distendidos [*tiraillés*] pelo tempo. A palavra *distendido* implica que se puxe em direções opostas. Podemos ouvir claramente a referência ao espaço nessa distensão, mas Lacan é muito preciso, os três eixos que dilaceram são o imaginário, o simbólico e o real. Somos dilacerados pelo tempo, não somente porque estamos muito ocupados e temos vários projetos em curso. Somos distendidos pelo tempo porque a nossa realidade presente se articula entre o presente do passado, o presente do futuro, o presente do presente, sem esquecer o aglutinante essencial que é o futuro anterior.

Lacan usa o nó borromeano para desenhar a estrutura do dizer, para nos mostrar como o dizer faz nó. E em particular como ele se enoda ao corpo realizando o inconsciente. A psicanálise é o dispositivo inventado por Freud onde esse nó do dizer se realiza e onde a realidade do inconsciente é demonstrada em ato. É aí que devemos lembrar que o dizer tem a ver com o tempo. O nó implica, portanto, o tempo, ele nos mostra as distensões do tempo. No centro desses dilaceramentos está esse objeto, *que aí emerge de uma constrição* [*coincement*] *sem remédio*. Essa frase diz exatamente o que estou tentando entender neste trabalho, a saber: que o tempo é uma versão do objeto *a*, esse objeto no centro do nó que não se deixa aprisionar [*coincer*] ali.

Mas essa frase vai ainda mais longe, ela subentende que o tempo organiza o espaço em uma trindade com o real, o simbólico e o imaginário. É nesse espaço que se fica preso [*coincé*], e não há remédio.

E felizmente, pois para aqueles que não estão presos, a liberdade os leva à loucura.

Esta é a nossa condição humana; somos distendidos, presos nesta trindade do espaço sem a qual corremos o risco de nos perder. Podemos tentar desenhá-la, armar sua estrutura, mas isso não nos permitirá, no entanto, pôr as mãos neste famoso objeto *a*, e referindo-o ao tempo, a cada um dos nossos tempos, compreendemos facilmente que se trata de algo que organiza nossa vida, nossos desejos, nossos medos, nossas realizações, nossas inibições, mas algo que nos escapa completamente.

Enfim, ao colocar o presente do presente agostiniano no cerne da cadeia borromeana, ali onde Lacan situa o objeto *a*, não faço nada além de colocar em perspectiva o tempo como falta a ser e lugar do impossível na estrutura.

O que há de irrepresentável para nós é o término para o qual nosso ser se encaminha. Essa hora nunca é e nunca será contada para aquele que vive. Contudo, esse término existe, é uma hora da verdade, e ela não deixa de ter relação com aquilo que impele o sujeito a estar em sintonia com seu desejo.

Essa hora nunca contada conscientemente e, no entanto, essencial como causa do desejo de viver não é objeto de uma foraclusão no sentido de não ser excluída do programa, uma vez que ela é o motor do nosso software. Eu diria que essa hora é objeto de uma prudente elisão. Mais vale esquecê-la, o que não significa dizer que se deva negá-la. O esquecimento não equivale à destruição de um traço. Toda a obra de Freud atesta isso. Ao descobrir o processo do recalque, Freud demonstra que o esquecimento implica que algo tenha sido escrito, mas seja retido em um nó que o mantém fora da rememoração. É isso que me proponho a estudar no próximo capítulo.

17. O tempo da memória e do esquecimento

O esquecimento é um processo que faz parte da memória. Não se pode refletir sobre o esquecimento sem remetê-lo ao campo da memória. O esquecimento tem vários valores.

Há o esquecimento inexorável por meio do apagamento do rastro. É algo contra o qual todos nós lutamos. Recordar é opor-se a esse apagamento do rastro. Porque o apagamento do rastro corresponde a uma morte simbólica.

Ao lado desse esquecimento inexorável por meio do apagamento do rastro, há o esquecimento de reserva, o esquecimento como remédio contra a ressurgência de rastros dos quais, de bom grado, prescindiríamos. De fato, nesse esquecimento, o rastro não é apagado e, em certas condições, podemos nos recordar.

O fato de preferirmos esquecer certas coisas que infelizmente são inesquecíveis significa que a memória nem sempre é feliz.

Certamente gostamos de recordar uma memória que se tornou um acontecimento. É uma memória declarativa, exige que façamos um esforço para lembrar. Mas, ao lado dessa memória feliz, há a memória que remói, essa memória que alguns qualificam como *traumática*. Trata-se de uma memória automática que faz ressurgir repetidamente os elementos significantes que cercaram um trauma e que é acompanhada pelos mesmos fenômenos emotivos que foram sentidos no momento do trauma.

O que caracteriza o trauma e sua repetição na memória traumática é que ele é o ressurgimento de elementos que se manifestam numa experiência atrozmente presente, é um passado que não passa. A memória traumática dá testemunho de um passado que não passa, isto é, que não é esquecido, mas que permanece nesse *status* particularmente real do presente agostiniano.

Dizer que o passado passa é dizer que no momento presente ele não está mais ali, é naturalmente esquecido mesmo que esteja inscrito em algum lugar, e é justamente porque está inscrito em algum lugar em termos de traços mnemônicos que adquiriram sentido, que se inscreveram numa história, que o passado passa e permanece em seu lugar.

Você deve ter compreendido, sem dúvida, que a escrita do nó do tempo que proponho liga, de maneira borromeana, o real do presente ao simbolismo do passado e ao imaginário do futuro. É preciso poder fazer esse nó para construir uma história feita da escrita de uma série de acontecimentos.

Talvez eu precise lembrar ao leitor desacostumado que a cadeia borromeana é, para Lacan, a escrita de um dizer que faz um acontecimento.

Ele estabeleceu isso a partir do dizer do amor, mais exatamente da carta/letra [*lettre*] de amor, que ele gostava de definir assim: "*Peço-te que recuses o que te ofereço . . . porque não é isso*".[1] A conjunção

---

1 Lacan, J. (2012). *O seminário, livro 19:... ou pior* (p. 79). Zahar.

desses três verbos ocorre apenas porque eles recaem sobre um objeto inadequado. É, portanto, nesse objeto que nunca é isso que Lacan confia para articular esses três verbos que nada têm a ver entre si. Esse é o princípio da cadeia borromeana para Lacan. Ela descreve o acontecimento de um dizer a partir do enodamento dos três registros da estrutura em torno do objeto que não é isso.

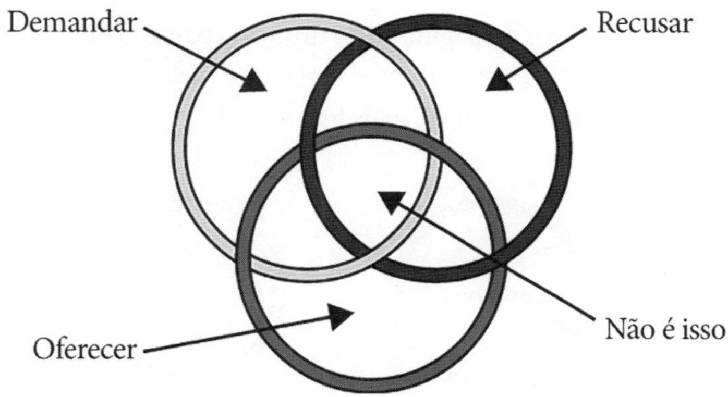

Figura 17.1 *Enodamento dos três registros da estrutura em torno do objeto.*

No uso que dela faço, no que diz respeito ao enodamento das três temporalidades, do presente, do passado e do futuro, o elo é assegurado pelo presente do presente, protótipo do objeto que não é isso.

O que é interessante nessa escrita do acontecimento são suas falhas. Um nó borromeano falha. A falha [*ratage*] mais comum é aquela que leva ao entrelaçamento de dois círculos, deixando o terceiro livre. Lembro que o axioma essencial da lógica borromeana exige que dois círculos se entrelacem apenas por intermédio do terceiro, seja ele qual for, pois não há prevalência alguma nesse nível.

Se o nó entre as três temporalidades falha, o real do presente não pode passar à escrita do acontecimento. Ele será esquecido?

Certamente não! Ao contrário, não podendo se escrever como acontecimento, ele permanecerá inesquecível. Tendemos a pensar que escrevemos para não esquecer; esse é o princípio do lembrete. Mas trata-se de um erro grosseiro, escrevemos para poder esquecer, para ter a mente livre. Está escrito em algum lugar: não pensemos mais nisso!

Suponhamos, então, uma falha na escrita do nó que resulte no entrelaçamento do real do presente com o simbólico do passado, deixando fora de jogo o imaginário do futuro. O passado e o presente se confundem. O presente do presente não é mais circunscrito, é um espaço aberto e, portanto, mais localizável.

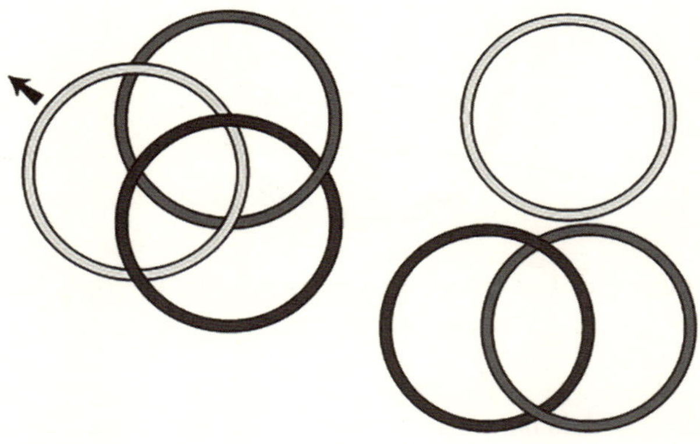

Figura 17.2 *Entrelaçamento do real do presente com o simbólico do passado, deixando fora de jogo o imaginário do futuro.*

Isso corresponderia razoavelmente bem ao que é descrito como memória traumática. É a repetição de algo que permanece real, atrozmente presente. É uma página que não vira e, se pensarmos bem, é uma página na qual nada pôde ser escrito. A memória traumática testemunha algo que não passou à escrita do acontecimento.

Freud não dizia nada além disso quando tentava compreender o significado dos sonhos traumáticos. Se esse tipo de sonho ocorre e se repete, é para reproduzir o trauma e tentar dominá-lo, isto é, fazê-lo passar para uma escrita simbólica. Sugiro a você, portanto, que considere a memória-repetição, em outras palavras, a memória traumática, como um enodamento falho do real do presente com o simbólico do passado, sem a mediação do imaginário. É como se o real do presente e o simbólico do passado estivessem em continuidade, como se passássemos de um para o outro sem corte nem nó.

Essa hipótese se encaixaria bem no que se chamava na época do *Quattrocento* de *arte dell'oblio*. Descrevíamos assim um remédio contra a invasão dessa memória repetitiva. Prescrevia-se ao paciente traduzir a lembrança importuna em imagem, traçar a imagem em um papel que então se amassava, se rasgava, se queimava ou se jogava em água corrente. Tratava-se, portanto, de reintroduzir o imaginário para permitir outro laço entre o real e o simbólico, uma passagem por meio da escrita para extinguir esse fenômeno repetitivo. Essa reintrodução pode se materializar na cadeia borromeana falha por meio de uma astúcia – a *arte dell'oblio*, por exemplo – que desempenha a função de um clipe no espaço imaginário (círculo preto na figura a seguir).

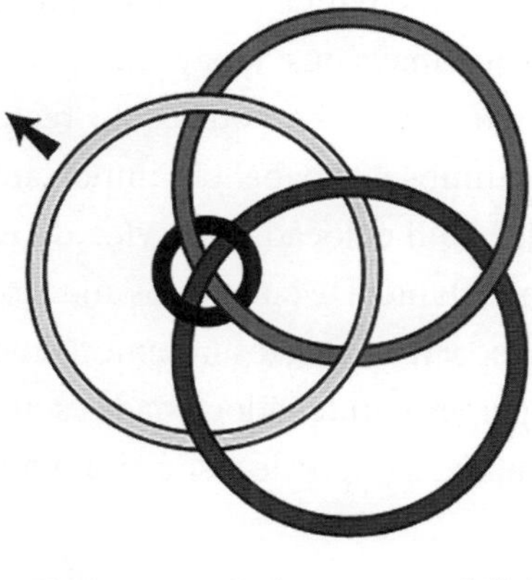

Figura 17.3 *O clipe na arte dell'oblio.*

Há muito tempo venho praticando, sem saber, essa arte do esquecimento no tratamento com crianças. Quando elas me falam de pesadelos recorrentes, convido-as a tentar desenhá-los; geralmente, isso faz surgir elementos significantes cujo valor equívoco tento fazê-las entender, o que muitas vezes as faz rir e desloca a ênfase aterrorizante. Na maioria das vezes, isso é muito eficaz, a repetição do pesadelo cessa. Hoje entendo o porquê: é que proponho a passagem por meio da imagem para enodar o real ao simbólico de uma forma diferente. Algo se escreve e pode então passar ao esquecimento. Isso cessa, porque finalmente isso se escreve. Lacan definia assim a categoria modal do possível: *o que cessa de se escrever*. É o que se distingue do necessário que *não cessa de se escrever* e é o que se opõe radicalmente ao impossível, que *não cessa de não se escrever*.

Em seu livro *Lethe, Kunst und Kritik des Vergessens* [Lethe – Arte e crítica do esquecimento], Harald Weinrich cita o caso de um paciente do neuropsiquiatra russo Alexander Romanovich Luria, um paciente com hipertrofia de memória que obteve benefícios substanciais ao se apresentar em público como mnemonista profissional. Ele, que se apresentava várias vezes por noite, precisava se poupar um tempo para o esquecimento. Ele havia desenvolvido uma estratégia: anotava por escrito o que queria esquecer. Quando essa artimanha não era suficiente para apagar a lembrança inoportuna, ele rasgava o papel, o queimava ou o jogava na água. "É interessante [nota Weinrich] ver por que desvio curioso o recurso à escrita, à qual geralmente atribuímos um papel tão importante na memória cultural e individual, é aqui colocada a serviço do esquecimento."[2] Essa observação é importante. De fato, todos aqueles que procuram exercitar a memória recorrem a meios mnemotécnicos. Os sujeitos com síndrome de Asperger, condenados a nada esquecer, facilmente testemunham isso: trata-se sempre de associar um número, uma cor,

2 Weinrich, H. (1999). *Léthé, art et critique de l'oubli* (p. 145, tradução nossa). Fayard.

uma imagem. É bastante impressionante constatar que o esforço feito para memorizar um significante, que consiste em ligá-lo a uma imagem, é da mesma ordem que a artimanha recomendada pela *arte dell'oblio* para livrar-se de um significante inoportuno. O que nos leva a considerar que memória e esquecimento são, sem dúvida, as duas faces de um mesmo processo que põe em jogo a escrita, isto é, um modo de vincular os significantes numa rede segundo as três coordenadas essenciais da estrutura: o real, o simbólico e o imaginário, que realiza a escrita de uma história e filtra o que se passa, o que se passou e o que vai se passar.

O inconsciente freudiano faz precisamente a junção entre a memória e o esquecimento. O que está recalcado está bem escrito em algum lugar. E é mesmo porque há um nó de escrita, porque um significante está preso numa cadeia, porque ele é feito cativo e não é mobilizável para a rememoração.

O recalque não consiste em um apagamento do rastro. Freud dedicou grande parte de sua *Psicopatologia da vida cotidiana* ao esquecimento. No famoso caso do esquecimento do nome *Signorelli*, por exemplo, ele mostra como esse nome permanece prisioneiro de uma cadeia de significantes que o associa a pensamentos que Freud gostaria de esquecer, em particular questões relativas à sexualidade e à morte. É por meio de uma relação metonímica que o nome Signorelli é mantido fora do alcance da rememoração. Ele fica retido num nó de representações proibidas.

É de propósito que utilizo esse significante *retido* [*retenu*], pois ele se presta a equívocos; simultaneamente ele diz que esse significante não está disponível e, ao mesmo tempo, dizer que ele está retido sinaliza claramente que ele, no entanto, não está apagado, que ele está preso numa memória que nada mais é do que o inconsciente. A maioria dos exemplos que Freud nos dá em sua *Psicopatologia da vida cotidiana*, acerca desses esquecimentos, mostra que um nome é esquecido porque é retido em um nó de associações. Às vezes, ele nos mostra que no lugar do nome esquecido uma imagem se impõe. É também o caso do esquecimento do nome *Signorelli*. Freud observa que quanto menos consegue lembrar o nome, mais a figura do pintor se impõe em sua lembrança. Ele vê o autorretrato do pintor que representou a si mesmo num de seus famosos afrescos. Quando seu companheiro de viagem sussurra para ele o nome do pintor que lhe fazia falta, Freud nota que a imagem do autorretrato se desvanece. Poder-se-ia deduzir que a imagem servia para esconder o nome a ser esquecido. Freud também observa, aliás, que suas lembranças de infância sempre têm um caráter visual. Isso o levará a estudar a questão da lembrança-tela, questão particularmente interessante por combinar um significante esquecido e uma imagem. Observemos apenas a função da imagem neste nó feito pelo inconsciente para manter no esquecimento uma representação censurada pela consciência.

Para esquecer, o inconsciente retém certos significantes em sua escrita. O inconsciente escreve para que o sujeito possa esquecer.

Essa necessidade de esquecimento foi demonstrada por Freud de várias maneiras, mas fica particularmente clara no texto em que ele nos propõe o bloco mágico como metáfora para o sistema percepção-consciência.

Lembro a você que Freud formulou a hipótese de que entre a percepção e a consciência era necessário intercalar o traço mnêmico. O que equivale a dizer que você só toma consciência do que percebe porque associa isso a algo que já está inscrito em você, a uma experiência da qual guardou o rastro.

Lembro que o bloco mágico era feito de uma tabuleta coberta com uma camada de cera sobre a qual repousava uma folha de papel encerado fina e translúcida, e essa frágil folha era coberta com uma folha de celuloide transparente. Com um estilo [*stylet*] aplicado sobre o celuloide, a folha de papel encerado é colocada em contato com a camada de cera da tabuleta e surge um traço. Se descolarmos o papel da camada de cera, o traço desaparece. Pode-se, assim, escrever, apagar, escrever novamente e assim por diante. Se observarmos de perto a camada de cera com uma luz rasante, veremos que a superfície da cera guarda o traço, mas esse traço não é visível no papel uma vez descolado da tabuleta.

Freud compara a folha de celuloide ao sistema de percepção, que não guarda traço duradouro; a folha de papel encerado à consciência; e a camada de cera ao inconsciente. O que está escrito é, portanto, o resultado da coalescência dessas três camadas. O que aparece como escrita é o resultado de uma conexão entre percepção, consciência e traço inconsciente.

A percepção é insuportável, pode ser traumática quando não a entendemos, quando não conseguimos relacioná-la com algo conhecido, quando isso não faz sentido. O fato de lhe dar sentido, de inscrevê-la em uma história, já é, por si só, uma forma de lidar com uma experiência excessivamente percebida como traumática.

Mas se a conexão entre as três camadas não for feita, então nada jamais será inscrito, nada poderá ser retido, rememorado, mas também nada poderá ser esquecido. Pois para esquecer é preciso poder se desprender do presente daquilo que é percebido, é preciso poder inscrevê-lo em algum lugar e virar a página. Insisto nessa possibilidade de desaparecimento, pois o esquecimento tem uma função importante. É isso que falta aos autistas hipermnêmicos que mencionei antes.

Mas voltemos ao bloco mágico. Na verdade, esse dispositivo que Freud nos propõe para a estrutura da percepção e da consciência distingue três tempos. Há o tempo da percepção que em si mesma não deixa traço, percebemos no presente. Depois, há o tempo da inscrição que permite tomar consciência daquilo que se passa. Essa inscrição é feita por coalescência das três camadas, isto é, requer o laço com o traço mnemônico. Depois, há o tempo do apagamento que, em teoria, permite que a lousa seja reutilizada infinitamente para novas escritas. Com essa comparação, Freud mostra que, para que o psiquismo não cesse de registrar novas impressões, ele também deve ser capaz de esquecer.

Mas existe o inesquecível, essa é toda a questão do trauma. Como fazer passar isso para o inconsciente?

A esse respeito, poderia evocar uma lembrança, para mim inesquecível, a de uma menininha de 5 ou 6 anos que me foi apresentada em Medellín, na Colômbia. A psicóloga dela queria saber minha opinião sobre como agir com essa garotinha, que havia sido expulsa da escola por problemas de comportamento. É preciso dizer que seu comportamento era particularmente inapropriado, uma vez que ela se oferecia para fazer sexo oral em menininhos. Ela era tão incontrolável que a escola não encontrara outra solução senão expulsá-la. É preciso saber que essa garotinha fora criada por uma mãe solteira que se prostituía em casa.

Não me lembro exatamente o que essa menina me disse. Ela tinha, sobretudo, perguntas a me fazer sobre coisas simples da vida cotidiana que traíam o fato de sua falta de balizas. O que me lembro perfeitamente, por outro lado, é a frase com a qual terminou nosso encontro: "Gostaria que você me ensinasse a escrever". Terminei a entrevista com esse dizer essencial, e a pequena foi embora com a irmã mais velha que a acompanhava. Mas assim que saíram, elas voltaram, a irmã mais velha fingindo que a pequena havia esquecido o essencial que ela tinha para me dizer, a saber, que ela havia sofrido um abuso sexual. Não sei mais o que falei para evitar que a pequena tivesse que me contar isso, tive que arrumar o pretexto de que ela tinha me contado o essencial, em todo caso, não dei continuidade a essa demanda de retorno. Se a irmã mais velha sentia que era preciso que a pequena falasse sobre o que considerava um trauma, talvez em nome de uma espécie de dever de memória, a garotinha reclamava o direito ao esquecimento, e sua demanda de que eu lhe ensinasse a escrever não testemunhava nenhuma falta de jeito de sua parte. A abordagem era precisa e considerei que ela, ao menos, sabia intuitivamente que se escreve para poder esquecer.

Essas entrevistas pontuais, como a que acabei de relatar com a pequena colombiana, são momentos importantes para mim. O psicanalista que se submete a esse exercício participa aí mais da transmissão de algo de sua prática do que em qualquer outra forma de ensino, sejam palestras, conferências, seminários ou livros teóricos. Desde Lacan, que retomou essa prática de seus mestres em psiquiatria, continuamos a chamar isso de *apresentação de paciente* [*présentation de malade*].[3] O termo é horrível e não corresponde à forma como organizamos essas reuniões. Para mim, trata-se de uma entrevista clínica. À pessoa escolhida por seu terapeuta é dada a oportunidade de se colocar em cena e se explicar sobre aquilo que está acontecendo com ela. Muitas vezes, essas reuniões têm efeitos terapêuticos, mas também são uma oportunidade para os jovens colegas se formarem na escuta de um paciente.

Percebo que costumo me demorar nessas entrevistas. Preciso de tempo para encontrar a maneira certa de escutar a pessoa singular com quem estou lidando. Às vezes, tenho a impressão de que tive que me submeter à escuta de uma narrativa que me deixou pouco espaço para intervir, para poder encontrar, no final, uma maneira de interromper bruscamente e fazer ressoar um dizer que saia do *pathos*. De qualquer forma, é preciso paciência e *savoir-faire* para encorajar a pessoa a abrir mão de sua relutância em confiar em um

3 Em francês, o termo *malade* traduz-se por "doente", daí o comentário subsequente do autor. [N. T.]

desconhecido. O que importa no final da entrevista não é quanto tempo durou, mas sim aquilo em que ela terminou.

Se quisermos que essas entrevistas sejam algo diferente da narrativa complacente de um *pathos*, é imperativo encontrar aí uma maneira de operar uma escansão. Aí novamente as três divindades estão presentes: *Aion*, que diz da duração que se quer sem limite; *Chronos*, que mede o tempo efetivamente decorrido; e *Kairós*, que encontra o momento certo para operar sua pontuação.

Em suma, o manejo do tempo nessas entrevistas clínicas é muito semelhante ao que é o princípio da sessão de psicanálise. O que o analista deve ao seu analisante não pode ser medido com a ajuda de um parquímetro. Não cabe a Chronos decidir a duração da sessão. Em contrapartida, o que o analista deve ao seu analisante é a acuidade de sua escuta, que remete ao Kairós o manejo da escansão.

Se cabe ao analista decidir a duração da sessão de acordo com o que ele ouve, é o analisante quem decide a duração do tratamento. Quer o analista concorde ou não com essa decisão, em última instância, é o analisante que decide sair, como o prisioneiro daquela historinha, com pressa, mas com segurança.

Essa decisão não é fácil de tomar. Acontece que algumas pessoas tateiam o terreno: "Acho que acabei, mas poderei voltar se as coisas não correrem bem?". A própria pergunta mostra que ainda não chegou a hora de realizar esse ato. É como se o analisante perguntasse: "Você ainda terá tempo para mim?". O tempo como objeto ainda não adquiriu, portanto, sua função de separação.

A questão do fim do tratamento é uma questão essencial; ela não pode ser tratada segundo um referencial preestabelecido, mesmo que tenha sido desenvolvido com os melhores critérios teóricos. A questão da duração do tratamento coloca um problema na sociedade atual que vive em ritmo acelerado; mais do que nunca queremos terapias breves. Ora, se o tempo é de fato esse objeto que tentei circunscrever e cuja função tento precisar, compreendemos bem que esse objeto singular não pode de forma alguma ser medido em relação a um tempo universal.

Se o fim do tratamento não corresponder a uma passagem ao ato, se ele não se revelar um ato falho, então ele deve corresponder a um momento de separação que deveríamos poder deduzir como o término de todo um processo lógico. Nada é mais singular do que esse tempo do percurso e esse momento de conclusão.

É para verificar essa hipótese que Lacan quis explorar a dinâmica temporal que caracteriza o fim de uma análise. Para isso, ele inventou para sua Escola o dispositivo ao qual deu o nome de passe.

18. O tempo do passe

Passe é o termo utilizado por Lacan em 1967, quando escreve uma proposta para sua Escola que tentaria identificar como se transmite o desejo de análise. Lacan quer saber como nasce o desejo do analista. Quer trazer à luz o princípio da análise didática que sempre mais ou menos recusou porque, em seu tempo, que aliás permaneceu imutável na atual Associação Psicanalítica Internacional, a passagem do analisante ao analista permanecia velada em seu princípio e poderia, portanto, assemelhar-se a uma espécie de iniciação.

Lacan muitas vezes recusou o termo iniciação. Para ele, não há iniciação. Não mais para a transição para a idade adulta do que para entrar em uma sociedade secreta. Esses rituais são apenas afetações. Não se trata, portanto, de admitir que a passagem ao analista tenha algo a ver com uma iniciação.

Nos rituais de iniciação, os mais velhos fazem passar aquele que ainda não atravessou o limiar. No dispositivo inventado por Lacan, o candidato, chamado de passante, dá seu testemunho aos passadores, que são designados por seus analistas não como já tendo passado, mas como estando, eles também, no presente dessa passagem. O passador não faz passar o passante, faz passar apenas seu testemunho.

De que se trata nesse testemunho? Recentemente, estava conversando com um colega que me contava sobre sua experiência de testemunho no passe e que me dizia como ficou pasmo por conseguir resumir quinze anos de análise em poucas horas de testemunho. Esse exercício seria impossível se se tratasse, no passe, de fazer uma narrativa de sua própria análise.

A narrativa é a escrita do passado. Frequentemente, aliás, notamos que os passadores falam de seu medo de esquecer um fato marcante do passado do passante. É por isso que escreveram muito ao escutar o testemunho e alguns querem absolutamente ler tudo isso na frente do cartel. Mas no passe não se trata disso, não se trata de relatar o passado, trata-se antes de tentar captar um instante que foi um momento de puro presente, um momento crucial, portanto, para o analisante.

Detenhamo-nos um pouco nesse conceito de *momento crucial* porque é um termo que evoca o cruzamento. E acontece que o cruzamento é o elemento básico da escrita de um nó.

Um nó é definido e escrito como um percurso orientado no qual encontramos uma sucessão de cruzamentos. Para que o nó não se desfaça, para que ele seja um verdadeiro nó, a sucessão desses cruzamentos deve obedecer a certas regras. O nó assim feito pode então apertar, prender, algo.

Um momento crucial, em uma análise, é aquele momento do percurso em que o analisante conseguiu apertar diretamente algo de sua verdade. É um momento inesquecível para ele, aconteceu num instante preciso, é um acontecimento. Não há apenas um momento crucial em um percurso analítico. Existem vários, mas muitas vezes eles respondem à mesma lógica.

Se o passante pode transmitir aquilo que se passou em sua análise em poucas horas de testemunhos, é porque não se trata de fazer um relato linear, mas de captar algo dos momentos cruciais de sua análise que construíram o percurso lógico que o terá levado a passar da posição de analisante à de analista.

A lógica desse percurso é escrita com uma malha de momentos cruciais que enodam os três registros, real, simbólico, imaginário, e não com a linearidade de uma narrativa. Para identificar a lógica desse percurso, o passador que recolhe o testemunho não deve se deixar envolver pela narrativa, pelo sentido da história, mas estar presente e receptivo ao dizer do passante. Falo *dizer* porque é isso que faz nó, e é isso que pode ser transmitido no passe.

Quando as condições do encontro entre passante e passador são boas, não é raro que algo se passe no presente de seu encontro, algo de determinante que pode ser um acontecimento tanto para um como para o outro. Poderíamos, portanto, falar também em momento crucial para o passante assim como para o passador no dispositivo. Esse momento crucial pode ser escandido por lapsos, atos falhos memoráveis do passante e modificar o aspecto de seu testemunho. Mas também pode ser um momento crucial para o passador que terá uma repercussão, ali onde ele está em seu próprio percurso analítico, e que poderá incitar ele próprio a se engajar posteriormente, na experiência do passe.

Falo aqui do passe como dispositivo. Mas o passe também é um momento lógico no tratamento. Também pode haver vários momentos. O que pode ser considerado um momento de passe é um momento em que o analisante de repente se vê, num piscar de olhos, diferentemente do modo como ele se via até então. É uma mudança de perspectiva; muitas vezes é consequência de uma interpretação ou do ato do analista. É um momento crucial, isto é, um momento em que o analisante vislumbra o nó com o qual tecia as repetições de sua vida, devido a um dizer, um ato, uma interpretação do analista que, ao revelar esse nó, pode lhe dar a oportunidade de denodá-lo para fazer diferente. Algo diferente aparece e faz cair a fé no sujeito suposto saber. Mas é preciso tempo para isso, tempo para esgotar o sentido, tempo para compreender como a suposição de saber se instituiu. Ou seja, o tempo para compreender como funciona o inconsciente. Começa-se uma análise constatando e admitindo a existência do inconsciente. Em seguida, aprendemos a decifrá-lo e, pouco a pouco, aprendemos a ver como ele funciona.

Ele funciona como a cadeia borromeana; ele enoda o real do gozo às leis simbólicas da fala, e isso tem consequências no imaginário do corpo. Ele toma em suas malhas elementos significantes da vida de cada um, sem levar em conta sua cronologia, ele os amarra à sua maneira, tornando presentes elementos do passado e dando-lhes um sentido *a posteriori* em um futuro anterior. Mais uma vez, não podemos dizer que o inconsciente não conhece o tempo; ele tem um tempo próprio que desafia o tempo da História. Mas quando se presta atenção nele, se percebe que está em dia com sua agenda.

Testemunha disso é o analisante, avisado, para sua grande surpresa, por um sonho assustador, que está às vésperas do aniversário do trágico acidente que dizimou toda a sua família. Seu inconsciente calculou perfeitamente que a data se aproximava. Mas o importante também é a surpresa criada no momento presente, no tratamento, em que esse passado traumático está enodado à sua atualidade.

Mais do que as facécias do inconsciente com o tempo da História, o que importa é a sua temporalidade própria, que é da ordem da fulguração, que cria a surpresa. Lacan notava sua aparição em pulsação como uma porta que se abre para logo se fechar novamente. Em seus *Escritos*, ele propõe um modelo à sua maneira para evocar o acesso ao inconsciente, como se se tratasse de uma caverna a ser visitada. O problema sendo que "é uma entrada a que nunca se chega senão no momento em que ela é fechada . . . e porque o único meio de ela se entreabrir é chamar do lado de dentro".[1]

Com essa fórmula marcante, de aparência surrealista, Lacan corrige a fórmula de Freud evocando a senhoria que o analista menestrel primeiro tinha de subornar para que ela permitisse que Bela abrisse as persianas e aparecesse na sacada para atender ao seu chamado.

Lacan opera uma inversão topológica: o chamado deve vir de dentro e, sobretudo, ele acrescenta a dimensão da pulsação temporal: só se chega na hora de fechar. Isso é muito parecido com a atmosfera de todos esses sonhos em que se tem medo de se atrasar, de perder um compromisso. Mas a fórmula aqui enfatiza o fato de que, de qualquer forma, o tempo do inconsciente tem pouco a ver com o tempo do relógio. Suas batidas não estão sincronizadas com a frequência do quartzo que pulsa em nossos relógios. Não há necessidade de se apressar, portanto, o encontro será ordinariamente perdido.

A única chance de encontro implica que o analista esteja na batida, no *tempo* daquilo que se passa dentro da caverna, o que podemos compreender se admitirmos que seu próprio tempo deve estar em sincronia com esse famoso *presente do presente* que situei no centro do nó do tempo que esbocei neste livro. É isso que define a presença do analista.

Como saber se o candidato que se apresenta ao passe para testemunhar seu percurso analítico pode atingir esse grau de presença? É isso que o dispositivo do passe se propõe a avaliar.

Nesse dispositivo há o trabalho do passante que se empenha em transmitir qual foi seu percurso analítico. Há o trabalho dos passadores que escutam esse testemunho, que eventualmente o

1 Lacan, J. (1998). Posição do inconsciente. In J. Lacan *Escritos* (p. 852). Zahar.

interrogam e que o transmitem ao cartel do passe. E depois há o trabalho do cartel que deve acolher os testemunhos dos passadores e buscar identificar a lógica desse percurso analítico singular que lhe foi proposto.

Em todo este trabalho, trata-se de uma localização lógica na qual o tempo intervém como fator decisivo.

É aí que, mais uma vez, a referência ao apólogo dos três prisioneiros se impõe. A questão de um tempo lógico ressaltada por Lacan nesse enigma se adapta muito bem ao dispositivo do passe. Adivinhar a cor que se está vestindo sem o saber é o que se pode esperar de uma análise: saber o que realmente se é sem confundir essa identidade real com aquilo que se acredita ser ou com aquilo que queríamos ser. Precisamos da ajuda dos outros para isso. O passante precisa dos dois passadores que foram escolhidos porque eles também estão prestes a sair da prisão. Eles estão no mesmo tempo.

Notamos, aliás, que isso condiciona o tempo do testemunho. Alguns passantes testemunham rapidamente; para outros é preciso mais tempo.

Em seguida chega a hora do depoimento dos passadores perante o cartel do passe. Mais uma vez, o tempo é contado. Os passadores gostariam de poder dizer tudo, nada esquecer, nada falsificar. O cartel só se reúne ocasionalmente. Os membros às vezes fizeram longas viagens, os passadores também. É preciso tomar tempo, mas ele é contado, portanto o trabalho ainda é feito às pressas.

Então chega o momento de concluir para os membros do cartel que ouviram duas versões às vezes diferentes do depoimento do passante. Aí, novamente, há uma lógica coletiva. A conclusão de uns depende da conclusão de outros. Essa lógica é construída passo a passo, de forma coletiva, graças a certos pontos cruciais que alguns identificaram e com os quais outros poderão perceber a estrutura lógica da experiência analítica que lhes foi relatada. De repente, a coisa fica óbvia para todos, e dizemos para nós mesmos: "É isso". Ou: é isso que faz com que se possa dizer sim, ou então: é isso que faz com que não se possa dizer sim.

No caso em que a resposta é favorável, isso quer dizer que algo se passou, algo foi transmitido do percurso analítico do passante sem ser alterado pelas ingerências dos diferentes egos participantes do dispositivo. Algo que pode demonstrar que o candidato passou para a posição de onde poderá sustentar o desejo do analista.

O desejo do analista é aquilo que permite que aquele que preenche essa função esteja presente onde for necessário, quando for necessário. A qualidade dessa presença deve poder ser identificada em todos os níveis no dispositivo do passe. No nível do passante cuja presença deve poder ser percebida, embora paradoxalmente esteja, por definição, ausente do dispositivo quando o cartel está em funcionamento. No nível dos passadores, cuja qualidade da presença é essencial no momento de receber o testemunho do passante, como no momento de transmiti-lo ao cartel. Por fim, no nível de cada membro do cartel que deve estar nesse momento particular de presença para poder recolher a lógica desse nó do tempo que caracteriza a subjetividade do passante.

O último ponto que lhe proponho é a singularidade do momento em que o candidato decide apresentar-se ao passe. Há algo aí que é incalculável, imprevisível. Esse momento não coincide com o final da análise. Alguns pedem para fazer o passe quando sua análise não está terminada, como se estivessem contando com o passe para encontrar o fim. A maioria pede para fazer o passe uma vez a análise terminada, mas geralmente terminada há muito tempo. O que os faz decidir que é hora de testemunhar? Esse é um ponto que seria interessante estudar. Tenho para mim que isso tem a ver com a temporalidade particular do sujeito e que sem dúvida esse tempo do sujeito é a característica mais fiel de seu modo de estar no mundo.

Esse tempo do sujeito é sua singularidade própria. Não é a maneira como ele se vira com o tempo do Outro que o aliena. Isso corresponde, antes, à parte inalienável de seu ser que qualificamos como objeto *a*. É por isso que me parece importante dar à fórmula de Lacan – o objeto *hâté* [apressado], *athée* [ateu], *a-t* – todo o seu alcance.

O fim da análise, cuja lógica o dispositivo do passe deve tentar fundar, corresponde a esse momento de separação em que está em jogo o objeto *a-t*. Que se possa chamá-lo também de *ateu* é um recurso da língua que estaríamos errados em deixar de lado.

Surge, de fato, a questão do destino da crença ao final de uma análise. Sem fazer dela um ideal absoluto, poder-se-ia esperar que ao final de sua análise o analisante chegasse a uma certa forma de ateísmo. Esse ateísmo que Lacan definia em seu seminário *De um Outro a outro* como "verdadeiro" na medida em que "seja possível ao pensamento sustentar um confronto com essa questão . . . do sujeito suposto saber".[2]

Qual é o lugar do tempo nessa função do sujeito suposto saber?

Se nos referirmos à questão de Deus, pois afinal ela é, por excelência, o modelo da função, pensamos imediatamente no Grande Relojoeiro imaginado por Voltaire. Ao nomear assim o Deus dos filósofos, Voltaire faz eco, sem dúvida sem perceber, a uma tradição religiosa muito antiga.

Embora possamos atribuir ao Deus do Gênesis a criação da alternância entre o dia e a noite, não é em nossa tradição judaico-cristã

2 Lacan, J. (2008). *O seminário, livro 16: de um Outro ao outro (1968-1969)* (p. 273). Zahar.

que a equivalência entre Deus e o tempo é a mais explícita. É no hinduísmo, mais precisamente na mitologia shivaíta, em que se descreve o nascimento do mundo a partir do nada, também chamado de noite de Brahma.

"É no meio dessa noite que Shiva, que também é chamada de Kala, *o Tempo*, se levanta e começa a dançar num círculo de fogo, e é no ritmo dessa dança que a matéria vai pulsando dando início ao ciclo da criação/destruição, nascimento e morte."[3]

Deve-se acrescentar que, na tradição shivaíta, o Deus Tempo abriu os olhos e começou a dançar. Quando ele os fechar será o fim do Universo, mas provavelmente o início de um novo ciclo. Daí a ver nessa mitologia uma homologia com o modelo do Big Bang, construído por nossos cientistas de hoje, é só um passo. Mas deixemos para lá essa aliança implícita entre ciência e religião para voltarmos à prática psicanalítica.

Qual seria a relação do sujeito suposto saber com o tempo?

O sujeito suposto saber responde a essa inclinação natural do *falasser* [*parlêtre*] de supor que o Outro tem um saber. Do gozo primordial do qual teve que aprender a se separar em parte para responder à demanda do Outro, o sujeito já não sabe muito, mas imagina que o Outro se lembra disso.

É uma forma de conceber a origem da função do sujeito suposto saber. "Um porco, erguendo-se sobre as patas traseiras e bancando o porco ereto, nem por isso deixa de ser o porco que era orginalmente. Mas só ele pode imaginar que não nos lembramos disso."[4]

A fórmula de Lacan é muito eloquente. Se imagino que se lembram do que eu fui e do que nada mais quero saber, é porque instauro

3 De Senilhes, A. (2016). *Il était temps* (p. 344). Télémaque.

4 Lacan, J. (2012). *O seminário, livro 19:... ou pior* (p. 161). Zahar.

um Outro que teria um saber de um tempo anterior. Essa ideia de um tempo anterior está implícita na função do sujeito suposto saber. Observe que na religião ela é redobrada pela ideia do saber de um tempo posterior. Mas vamos adiante!

É óbvio que, ao final de um percurso analítico, podemos esperar que o analisante terá podido se dar conta de que *ele é o único a imaginar* que existe alguém que sabe o que ele não queria saber de um tempo anterior. Ele terá abandonado essa crença tanto mais facilmente se terá vislumbrado a *ek-sistência* e o interesse desse *presente do presente* do qual o Outro nada pode saber. É uma outra forma de dizer que, ao final de sua análise, o analisante se separa do tempo do Outro. Ele ganha assim uma qualidade de presença, uma parte de liberdade de espírito e uma disponibilidade perante as contingências que a vida lhe pode oferecer.

Posfácio

Este livro chega ao fim e percebo que o capítulo que eu anunciava – *o tempo da escrita e a escrita do tempo* – definitivamente não constará do sumário. Mas este livro talvez seja em si mesmo o capítulo que falta. O que fiz além de reservar um tempo para reunir em um livro tudo o que pude tentar definir sobre esse objeto inapreensível?

Este livro retoma o trabalho de investigação que desenvolvi, rodeado de alguns colegas; uns me trouxeram elementos que alimentaram minha pesquisa e muitos outros, ao me mostrarem interesse em minhas elucubrações, me incentivaram a continuar este trabalho. Gostaria, portanto, de agradecer aos meus colegas do cartel em Pau: Christine, Claude, Corinne, Michel, Marie-Claire e Pascal, aos meus colegas do cartel na Grécia: Calliope, Maria, Orsa e Panos, aos colegas da região de Valence aos quais dediquei as primeiras sessões do meu seminário, meus colegas e amigos milaneses, sem esquecer meus colegas e amigos brasileiros, em particular paulistas, a quem apresentei parte deste trabalho.

Então, tempo de escrever? Dei a entender: não sou a pessoa mais indicada para falar sobre isso. Poderia ter me entregado à fácil prática da psicanálise aplicada e elucubrar sobre o tempo da escrita em Virginia Woolf, James Joyce, Marcel Proust e outros, remexendo em suas biografias. Isso estava fora de questão.

Ó Marcel, Jules, Jorge, Emil, Gabriel, Jorge Luis, Fédor, James, Virginia, eu realmente não sei o que aconteceu com vocês, mas que sorte a nossa que vocês tenham tido tempo de escrever!

Quanto a mim, limitei-me a tentar escrever o tempo, mas numa escrita que dispensa palavras; é a escrita da cadeia borromeana, no cerne da qual creio poder situar o presente do presente, este objeto de que o Outro nada sabe. Essa escrita é mais para fazer e ver do que para ler. Isso não quer dizer que a escrita da qual se faz literatura não me interessa. Mas gosto demais dela para confundi-la com a psicanálise.

Talvez um dia eu tome tempo para escrever esse livro com que tantas vezes sonhei, mas talvez não seja um livro sobre psicanálise.

Post Scriptum.

Agradeço àqueles que examinaram minuciosamente meu manuscrito: Marie-Claire Nominé, Corinne Philippe, Frédéric Pellion, Anastasia Tzavidopoulou e Kristelle Nonnet.

Grailhen, dezembro de 2019.

Referências

Beauzée. (1765). Temps. In *Encyclopédie*, t. 16.

Blanquet, É. (2012). *Appendre à philosopher avec Heidegger*. Ellipses.

Borges, J. L. (1999). *Ficções – 1899-1986* (C. Nejar, Trad.). Globo. (Arquivo digital)

Buonomano, D. (2017). *Your Brain Is a Time Machine: The Neuroscience and Physics of Time*. W. W. Norton & Company.

Cassin, B. (s.d.). Kronos ou Chronos. *Enciclopedia Universalis*. https://tinyurl.com/pykw6waw.

Cioran, E. (1995). Tomber du temps. In E. Cioran, *La chute dans le temps. Œuvres*. Quarto; Gallimard.

Cioran, E. (1997). *Cahiers*. Gallimard.

De Senilhes, A. (2016). *Il était temps*. Télémaque.

Elias, N. (1998). *Sobre o tempo* (V. Ribeiro, Trad.). Zahar. (Arquivo digital)

Freud, S. (2010). A dinâmica da transferência. In S. Freud, *Obras completas de Sigmund Freud* (Vol. 10). Companhia das Letras. (Trabalho original publicado em 1912)

Freud, S. (2016). Análise fragmentária de uma histeria ("O caso Dora"). In S. Freud, *Obras completas de Sigmund Freud* (Vol. 6). Companhia das Letras. (Trabalho original publicado em 1905)

Freud, S. (2019). A interpretação dos sonhos. In S. Freud, *Obras completas de Sigmund Freud* (Vol. 4). Companhia das Letras. (Arquivo digital). (Trabalho original publicado em 1900)

Freud, S. (s.d.). Publicações pré-psicanalíticas e esboços inéditos. In S. Freud, *Edição standard brasileira das obras completas de Sigmund Freud* (Vol. 1). Imago. (Arquivo digital)

Heidegger, M. (2005). *O ser e o tempo, Vol. 2* (M. S. C. Schuback, Trad.). Vozes.

Heráclito. (1989). *Sobre a natureza* (J. C. de Souza, Trad.). Nova Cultural.

Heráclito. (1991). Fragmento 50. In *Os pensadores originários – Anaximandro, Parmênides, Heráclito* (E. C. Leão, Trad.). Vozes.

Jullien, F. (2016). *Du "temps". Éléments d'une philosophie du vivre.* Biblio Essais.

Lacan, J. (1975). *O seminário, livro 1: os escritos técnicos de Freud (1953-1954)*. Zahar.

Lacan, J. (1985). *O seminário, livro 2: o eu na teoria de Freud e na técnica da psicanálise (1954-1955).* Zahar.

Lacan, J. (1992). *O seminário, livro 8: a transferência (1960-1961).* Zahar.

Lacan, J. (1998a). Função e campo da fala e da linguagem em psicanálise. In J. Lacan, *Escritos*. Zahar.

Lacan, J. (1998b). O tempo lógico e a asserção de certeza antecipada. In J. Lacan, *Escritos*. Zahar.

Lacan, J. (1998c). Posição do inconsciente. In J. Lacan, *Escritos*. Zahar.

Lacan, J. (2003). Televisão. In J. Lacan, *Outros escritos*. Zahar. (Trabalho original publicado em 1973)

Lacan, J. (2008). *O seminário, livro 11: os quatro conceitos fundamentais da psicanálise (1964)* . Zahar.

Lacan, J. (2008). *O seminário, livro 16: de um Outro ao outro (1968-1969)*. Zahar

Lacan, J. (2012). *O seminário, livro 19: ...ou pior (1971-1972)*. Zahar.

Lacan, J. (2013a). Lição de 3 de dezembro de 1958. In J. Lacan, *Le Séminaire, livre 6: Le désir et son interprétation*. La Martinière.

Lacan, J. (2013b). Sessão de 8 de abril de 1959 (cap. XVI). In J. Lacan, *Le Séminaire, livre 6: Le désir et son interprétation*. La Martinière.

Lacan, J. (s.d.). Lição de 9 de abril de 1974. In J. Lacan, *Les non dupes errrent (1973-1974)*. (Inédito)

Lacan, J. (s.d.). Sessão de 16 de janeiro de 1973. In J. Lacan, *Le séminaire, livre 20: Encore*. https://www.valas.fr/IMG/pdf/s20_encore.pdf.

Eckhart, M. (2009). *Les sermons*. Albin Michel.

Montaigne, M. de (2010). *Os ensaios – Uma seleção* (R. F. d'Aguiar, Trad.). Companhia das Letras; Penguin. (Arquivo digital)

Nunberg, H. (1951). Tranference and reality. *International journal of psycho-analysis*, *32*, 1-9.

Péchenard, C. (2019). *Proust et les autres*. Table Ronde.

Portine, H. (1996). Beauzée et le futur antérieur, les axes du temps. *Histoire Épistémologie Langage, 18*(2).

Ricœur, P. (2007). *A memória, a história, o esquecimento* (A. François et al., Trad.). Editora Unicamp.

Rosa, H. (2013). *Accélération, une critique sociale du temps*. La Découverte. (Coleção Poche)

Rovelli, C. (2017). *A ordem do tempo* (S. Cobucci, Trad.). Objetiva.

Santo Agostinho. (2017a). *A cidade de Deus* (O. P. Leme, Trad.). Vozes. (Arquivo digital)

Santo Agostinho. (2017b). *Confissões* (L. Mammì, Trad.). Companhia das Letras; Penguin. (Arquivo digital)

Sêneca. (2017). *Sobre a brevidade da vida* (J. E. S. Lohner, Trad.). Companhia das Letras; Penguin.

Semprún, J. (1995). *A escrita ou a vida* (R. F. Aguiar, Trad.). Companhia das Letras.

Strauss, M. (2014-2015). *Le temps du sujet*. Curso no Colégio de Clínica Psicanalítica de Paris das Formações Clínicas do Campo Lacaniano.

Tolle, E. (2010). *O poder do agora* (I. S. G. de Lima, Trad.). Sextante. (Arquivo digital)

Weinrich, H. (1999). *Léthé, art et critique de l'oubli*. Fayard.

Série Dor e Existência

Os contrabandistas da memória, de Jacques Hassoun

De um trauma ao Outro, de Colette Soler

Do luto impedido ao luto coletivo: um caso clínico-político, de Sandra Luzia de Souza Alencar

Ensaios apócrifos: a-bordagens psicanalíticas, de Ana Paula Gianesi e Conrado Ramos

Luto à flor da pele: as tatuagens in memoriam *em leitura psicanalítica*, de Miriam Ximenes Pinho-Fuse

O presente do presente: ensaio psicanalítico sobre o tempo, de Bernard Nominé

A sobrevivência do desejo nos sonhos de Auschwitz, de Samantha Abuleac

GRÁFICA PAYM
Tel. [11] 4392-3344
paym@graficapaym.com.br